A visão **DIONISÍACA** do mundo

Friedrich Wilhelm Nietzsche nasceu em 15 de outubro de 1844 em Röcken, localidade próxima a Leipzig. Karl Ludwig, seu pai, pessoa culta e delicada, e seus dois avós eram pastores protestantes; o próprio Nietzsche pensou em seguir a mesma carreira. Por causa da morte do pai e do irmão em 1849, a mãe mudou-se com a família para Naumburg, pequena cidade às margens de Saale, onde Nietzsche cresceu, em companhia da mãe, de duas tias e da avó. Em 1858 obteve uma bolsa de estudos, ingressando no Colégio Real de Pforta, local onde haviam estudado o poeta Novalis e o filósofo Fichte. Após aproximadamente dez anos de insanidade mental, Nietzsche morre em Weimar, em 25 de agosto de 1900. Entre suas obras encontram-se: *Humano, demasiado humano, Assim falou Zaratustra, A gaia ciência, Para além do bem e do mal.*

Friedrich Nietzsche

A visão **DIONISÍACA** do mundo

E outros textos de juventude

Tradução
MARCOS SINÉSIO PEREIRA FERNANDES
MARIA CRISTINA DOS SANTOS DE SOUZA

Revisão da tradução
MARCO CASANOVA

martins fontes
selo martins

Títulos dos originais alemães:
DIE DIONYSISCHE WELTANSCHAUUNG, DAS GRIECHISCHE
MUSIKDRAMA e SOCRATES UND DIE TRAGOEDIE.
© 2019 Martins Editora Livraria Ltda.,
São Paulo, para a presente edição

Publisher	*Evandro Mendonça Martins Fontes*
Coordenação editorial	*Vanessa Faleck*
Produção editorial	*Carolina Cordeiro Lopes*
Edição de texto	*Solange Martins*
Revisão	*Letícia Castelo Branco Braun*
	Ana Maria de O. M. Barbosa
	Maria Regina Ribeiro Machado
	Dinarte Zorzanelli da Silva
	Lucas Torrisi

Dados Internacionais de Catalogação na Publicação (CIP)
Angelica Ilacqua CRB-8/7057

Nietzsche, Friedrich Wilhelm, 1844-1900.
   A visão dionisíaca do mundo, e outros textos de juventude / Friedrich Nietzsche ; tradução Marcos Sinésio Pereira Fernandes, Maria Cristina dos Santos de Souza ; revisão da tradução Marco Casanova. – 2. ed. – São Paulo : Martins Fontes – selo Martins, 2019.
   108 p.

Bibliografia
ISBN: 978-85-8063-366-5
Título original: Die Dionysische Weltanschauung, Das Griechische Musikdrama e Socrates Und Die Tragoedie

1. Filosofia alemã 2. Nietzsche, Friedrich Wilhelm, 1844-1900
I. Título II. Fernandes, Marcos Sinésio Pereira III. Souza, Maria Cristina dos Santos de IV. Casanova, Marco

19-0973   CDD 193

Índices para catálogo sistemático:
1. Filosofia alemã   193

Todos os direitos desta edição reservados à
Martins Editora Livraria Ltda.
Av. Dr. Arnaldo, 2076
01255-000 São Paulo SP Brasil
Tel.: (11) 3116 0000
info@emartinsfontes.com.br
www.emartinsfontes.com.br

SUMÁRIO

Introdução VII
Nota à presente edição XIII

A VISÃO DIONISÍACA DO MUNDO E OUTROS
TEXTOS DE JUVENTUDE 1
A visão dionisíaca do mundo 3
Duas conferências públicas sobre a tragédia grega .. 45

INTRODUÇÃO

Neste volume estão incluídos um texto intitulado "A visão dionisíaca do mundo" e duas conferências proferidas por Nietzsche no exercício de sua atividade docente em Basileia, com os títulos "O drama musical grego" e "Sócrates e a tragédia". Todos esses textos foram escritos por Nietzsche pouco antes da elaboração de *O nascimento da tragédia*, para apresentar suas ideias sobre a arte grega, que amadureciam sob as influências cardeais de seus estudos filológicos, da filosofia de Arthur Schopenhauer e das concepções artísticas de Richard Wagner, e que viriam a constituir o núcleo mais significativo desta obra. Na primeira conferência, "O drama musical grego", encontram-se esboçadas as concepções sobre o teatro grego que serão expostas nos capítulos 7, 8 e 9, principalmente, de *O nascimento da tragédia* – a saber, a concepção do ator e do poeta trágicos, do coro e de sua origem a partir do cortejo orgiástico, as diferenças entre o público da tragédia grega e o público do teatro contemporâneo, entre a tragédia antiga e a ópera etc. Nessa primeira conferência, porém, a influência de Wagner ainda é muito marcada, a ponto de não podermos perceber muito bem a originalidade das concepções artísticas de Nietzsche. É na progressão, justamente, de todos os três textos que podemos ver surgir a originalidade particular do pensamento de Nietzsche e a sua visão artística do mundo. Na segunda conferência, "Sócrates e a tragédia", faz-se notar uma ousadia de pensamento que iria atemorizar o próprio Wagner. Partindo de uma interpretação penetrante das obras de Aristófanes – particularmente de *As rãs* –, Nietzsche nos mostra a obra de Eurípides e sobretudo o socratismo como agentes determinantes da decadência de toda a arte grega – e consequentemente da civilização grega – ao eliminarem da tragédia a hegemonia do espírito da música e ao desencadearem na arte trágica a preponderância da lógica. Essa conferência, justamente, rendeu a Nietzsche as primeiras inimizades, ao promover a crítica ao cientificismo característico do meio acadêmico em que este pensador, como professor de filologia, se inseria, e ao negar a todo racionalismo a possibilidade de tocar o cerne da força vital da humanidade grega, como queria a filologia.

Em "A visão dionisíaca do mundo", o apolinismo e sobretudo o dionisismo têm uma exposição inigualável, que nos permite, como em nenhum outro texto, compreender muito do fundamental dessas concepções. A visão artística do mundo de Nietzsche encontra aqui, pela primeira vez, um acabamento fértil de ressonâncias em todo mundo do pensamento e da arte, manifestando, em seu primeiro brilho, toda a força de sua originalidade. O essencial dessa visão artística do mundo constituiu-se nos alicerces do pensamento que se consubstanciou em *O nascimento da tragédia*, e que em boa parte se desenvolveria em toda a sua obra posterior. No texto que aqui traduzimos, porém, muito do que naquela obra apareceu apenas sob forma de alusão encontra um desenvolvimento mais amplo e mais rico, permitindo-nos um acesso mais profundo ao seu sentido.

Sobre "A visão dionisíaca do mundo"

O texto "A visão dionisíaca do mundo" teria sido escrito em junho-agosto de 1870, quando Nietzsche ainda tinha 25 anos, portanto alguns meses depois das duas conferências que completam este volume. De acordo com indicações inequívocas do próprio Nietzsche, podemos afirmar que este escrito foi concluído durante a sua estada no Maderanerthal, na Suíça, no começo de agosto de 1870.

Nietzsche, para tornar-se professor da Universidade de Basileia, na Suíça, tinha abdicado de sua nacionalidade prussiana. Nessas condições teve que pedir ao presidente do Conselho da Universidade de Basileia permissão para se ausentar de seu cargo de professor, com o intuito de servir "como soldado ou enfermeiro" à Prússia. No primeiro parágrafo de "O ensaio de autocrítica", escrito muito mais tarde, em agosto de 1886, para reconsiderar o sentido da primeira obra de seu pensamento, *O nascimento da tragédia*, podemos ler uma alusão à batalha de Wörth – ocorrida quando Nietzsche se encontrava no Maderanerthal, escrevendo "A visão dionisíaca do mundo" – e à passagem de Nietzsche pela guerra – ocasião em que, de acordo com a citação abaixo, "A visão dionisíaca do mundo" frequentava os seus pensamentos, no amadurecimento daquela obra:

> Enquanto se desencadeava sobre a Europa o trovão da batalha de Wörth[1], em alguma parte, em um canto dos Alpes, sentava o meditabundo e amigo de enigmas, a quem cabe a paternidade deste livro [*O nascimento da tragédia*], muito mergulhado em suas meditações e enigmas, con-

---

1. Esta batalha ocorreu em 6 de agosto de 1870, quando Nietzsche estava no Maderanerthal, nos Alpes, concluindo "A visão dionisíaca do mundo". (N. T.)

sequentemente muito preocupado e despreocupado ao mesmo tempo, e anotava os seus pensamentos sobre os *gregos* – o cerne do livro estranho e dificilmente acessível, ao qual este tardio prefácio (ou posfácio) deve ser dedicado. Algumas semanas depois: e ele próprio encontrava-se sob os muros de Metz, sempre sem poder se livrar dos pontos de interrogação que tinha posto sobre a pretensa "serenidade" dos gregos e da arte grega; até que, enfim, naquele mês de tensão mais profunda, quando se deliberava sobre a paz em Versalhes, ele também chegou à paz consigo mesmo e, convalescendo lentamente de uma doença contraída no campo de batalha, estabelecia em si definitivamente *O nascimento da tragédia a partir do espírito da música*.

Depois de voltar do campo de batalha, Nietzsche presenteia Cosima Wagner com "A visão dionisíaca do mundo", agora sob o título "O nascimento do pensamento trágico" e com pequenas mudanças. Nesse inverno (entre 1870 e 1871) Nietzsche ainda pensou em aproveitar este texto como primeiro capítulo de uma dissertação que seria intitulada "Origem e finalidade [*Ziel*] da tragédia". Este primeiro capítulo teria como título "O nascimento do pensamento trágico", e seria dividido em sete parágrafos.

"A visão dionisíaca do mundo" foi impresso pela primeira vez no *Terceiro Anuário da Sociedade dos Amigos do Arquivo Nietzsche*, em Leipzig, no ano de 1928.

Sobre as duas conferências públicas "O drama musical grego" e "Sócrates e a tragédia grega"

As conferências "O drama musical grego" e "Sócrates e a tragédia" foram proferidas em 18 de janeiro e em

1º de fevereiro de 1870, respectivamente, para o público em geral – ou seja, não restrito aos meios universitários –, ocupando Nietzsche o cargo de professor de filologia da Universidade de Basileia, aos 25 anos. Nos manuscritos[2] de Nietzsche estas conferências são precedidas dos títulos: "Duas conferências públicas / *sobre a tragédia grega* / pelo / dr. F. Nietzsche / professor ordinário de filologia clássica / Basileia 1870. Logo depois de proferida, esta segunda conferência é enviada a Tribschen. Depois disso, em 4 de fevereiro, Wagner escreve a Nietzsche:

> Ontem li para a amiga [Cosima] a sua dissertação. Depois tive que acalmá-la: para ela o senhor lida com os gigantescos nomes dos grandes atenienses de uma maneira surpreendentemente moderna... Isto foi logo entendido e desculpado como decorrente de uma fraqueza da época. Eu, de minha parte, senti sobretudo um temor diante da ousadia com a qual o senhor, de maneira tão breve e categórica, participa a um público supostamente não destinado à formação acadêmica uma ideia tão nova, de modo que se tem de contar, para a sua absolvição, somente com a total incompreensão por parte daquele. Mesmo os iniciados em minhas ideias poderiam por sua vez se assustar, se, com estas ideias, entrassem em conflito com a sua [a deles] fé em Sófocles e mesmo em Ésquilo. Eu – pela minha pessoa – clamo ao senhor: assim é! O senhor está correto e tocou o ponto próprio da maneira exata e a mais precisa, de modo que não posso senão, cheio de surpresa, aguardar o desenvolvimento do senhor, para o convencimento do preconceito vulgar dogmático. – Todavia, estou preocupado com o senhor e desejo de todo coração que o senhor não se faça quebrar o pescoço. Por isso gostaria de aconselhar

---

2. Classificados como U I 1 – de acordo com a *Kritische Studienausgabe*. (N. T.)

o senhor a não tratar dessas opiniões tão inacreditáveis em dissertações curtas que têm em vista efeitos leves por meio de considerações fatais, mas se está tão profundamente compenetrado delas – como eu reconheço – reúna as suas forças para um trabalho maior e mais abrangente sobre isso. Então o senhor certamente irá encontrar também a palavra justa para os erros divinos de Sócrates e Platão.

O texto "O drama musical grego" foi publicado pela primeira vez em Leipzig, 1926, no *Primeiro Anuário da Sociedade de Amigos dos Arquivos Nietzsche*. "Sócrates e a tragédia" foi impresso pela primeira vez no *Segundo Anuário da Sociedade de Amigos dos Arquivos Nietzsche*, em Leipzig, 1927.

NOTA À PRESENTE EDIÇÃO

A tradução dos três textos inseridos neste volume baseia-se na edição organizada por Giorgio Colli e Mazzino Montinari para a *Kritischen Studienausgabe*, Deutscher Taschenbuch Verlag de Gruyter, 1988, vol. I, pp. 511-77.

Agradecimentos

Agradecemos, em especial, a Fábio Antônio da Costa a revisão e também a Paulo Taddei e Jandro Martins a colaboração.

A VISÃO DIONISÍACA DO MUNDO

E outros textos de juventude

A VISÃO DIONISÍACA DO MUNDO

1º

Os gregos, que nos seus deuses expressam e ao mesmo tempo calam a doutrina secreta de sua visão de mundo [*Weltanschauung*], estabeleceram como dupla fonte de sua arte duas divindades, Apolo e Dioniso. Esses nomes representam, no domínio da arte, oposições de estilo que quase sempre caminham emparelhadas em luta uma com a outra, e somente uma vez, no momento de florescimento da "Vontade" helênica, aparecem fundidas na obra de arte da tragédia ática. O homem alcança em dois estados o sentimento de delícia em relação à existência, a saber, no *sonho* e na *embriaguez*. A bela aparência do mundo onírico, no qual cada homem é um artista pleno, é o pai de toda arte plástica e, como iremos ver, também de uma metade importante da poesia. Gozamos no entendimento imediato da *figura*, todas as formas nos falam; nada há de indiferente e desnecessário. No entanto, em meio à suprema vida dessa realidade de sonho temos ainda o transluzente sentimento de sua *aparência*. Somente quando esse sentimento cessa, começam os efeitos patológicos[1], nos quais o sonho não mais revigora e a força natural curativa de seus estados se interrompe. Porém, dentro daqueles limites[2], não são somente as imagens agradáveis e amistosas que procuramos em nós com aquela inteligibilidade universal: também o grave, o triste, o baço, o sombrio são contemplados [*angeschaut*] com o mesmo prazer, com a ressalva de que também aqui o véu da aparência precisa estar em movimento flutuante e não pode recobrir completamente as formas fundamentais do real. Enquanto, portanto, o sonho é o jogo do homem individual com o real, a arte do escultor (em sentido lato[3]) é o *jogo com o sonho*[4]. A estátua como bloco de mármore é deveras real. Todavia, o real da estátua como *figura de sonho* é a pessoa viva do deus[5]. Enquanto a estátua continuar pairando como imagem de fantasia diante dos olhos do artista, ele se manterá com o real[6]. No momento em que traduz a imagem para o mármore, ele joga com o sonho.

---

1. O delírio, em que o sonho é confundido com a realidade. (N. T.)
2. Dentro dos limites nos quais o sonho é sentido como *aparência*, como *ilusão*. (N. T.)
3. Nitzsche se refere a todo artista plástico. (N. T.)
4. Nietzsche nos dá uma importante indicação para a compreensão do apolinismo: a pulsão apolínea estética natural do sonho é um jogo com a realidade – ou seja, como ilusão, o sonho é sempre um furtar-se à realidade, é sempre uma aparição que ilude sem chegar, porém, às consequências do real; a arte plástica é, correlativamente, um jogo com o sonho – ou seja, o artista plástico procura fazer o real corresponder ao sonho, obrigando as suas matérias plásticas a se conformarem com o sonho na *realização* da obra de arte (no que é inerente uma irremediável distância, uma eterna insatisfação). (N. T.)
5. Ou seja, uma imagem de sonho. (N. T.)
6. Ou seja, ainda sonha, ou devaneia. (N. T.)

Mas em que sentido *Apolo* pôde se tornar uma divindade *artística*[7]? Somente na medida em que é o deus da representação onírica. Ele é o "aparente" por completo: o deus do sol e da luz na raiz mais profunda, o deus que se revela no brilho. A "beleza"[8] é seu elemento: eterna juventude o acompanha. Mas também é o seu reino a bela aparência do mundo do sonho: a verdade mais elevada, a perfeição desses estados, em contraposição à realidade diurna lacunarmente inteligível, elevam-no a deus vaticinador, mas tão certamente também a deus artístico. O deus da bela aparência precisa ser ao mesmo tempo o deus do conhecimento verdadeiro. Tampouco pode faltar na essência de Apolo aquele tênue limite, que a imagem do sonho não pode ultrapassar, para não agir patologicamente – quando a aparência não só ilude mas engana: aquela delimitação comedida, aquela liberdade distante das agitações mais selvagens, aquela sabedoria e calma do deus escultor. Seu olho precisa ser "solarmente"[9] calmo: mes-

---

7. A perspectiva artística na humanidade helênica surgiu com o apolinismo, do que concluímos que para que Dioniso tivesse sido assumido artisticamente por esta humanidade foi necessário como antecedente justamente o apolinismo inaugurando a vocação estética essencial à civilização grega. Por isso o dionisismo culmina, segundo Nietzsche, com a obra de arte apolíneo-dionisíaca, ou seja, com a sua manifestação estética mais acabada. (N. T.)

8. A beleza como o que de si mesmo atrai a contemplação, e assim mostra o seu sentido orientador, como o sentido de toda ilusão. (N. T.)

9. Aqui criamos o termo "solarmente" para traduzir o alemão "*sonnenhaft*", que Nietzsche coloca entre aspas para indicar que o termo é uma apropriação de um outro autor. Com efeito, cf. GOETHE, J. W., *Xénias mansas* III: "Se os olhos não fossem sol [*sonnenhaft*],/ Jamais nós o Sol veríamos;/ Se em nós não estivesse a própria força do Deus,/ Como é que o Divino sentiríamos?". In: GOETHE, J. W., *Poemas*, trad. Paulo Quintela, Coimbra, Ed. Centelha, 1986. (N. T.)

mo que se encolerize e olhe com arrelia, jaz sobre ele a consagração da bela aparência[10].

A arte dionisíaca, por outro lado, repousa no jogo com a embriaguez, com o arrebatamento. São dois os poderes que principalmente elevam o homem natural ingênuo até o esquecimento de si característico da embriaguez, a pulsão da primavera[11] [*Frühlingstrieb*] e a bebida narcótica. Seus efeitos estão simbolizados na figura de Dioniso. O *principium individuationis*[12] é rompido em ambos os estados, o subjetivo desaparece inteiramente diante do poder irruptivo do humano-geral, do natural-universal[13]. As festas de Dioniso não firmam apenas a ligação entre os homens[14], elas também reconciliam homem e natureza. Voluntariamente a terra traz os seus dons, as bestas mais selvagens aproximam-se pacificamente: coroado de flores, o carro de Dioniso é puxado por panteras e tigres. Todas as delimitações e separações de casta[15],

---

10. Aproximadamente nesta altura consta, na margem do manuscrito de Nietzsche: "O terror [*das Grausen*] I p. 416 *Mundo como vontade e representação* (referência à edição Frauenstädt de Schopenhauer). Pouco depois desta passagem, Nietzsche desenvolveu, em *O nascimento da tragédia*, esta sua referência ao terror, no começo do penúltimo parágrafo do capítulo 1. Cf. NIETZSCHE, *O nascimento da tragédia*, trad. J. Guinsburg, São Paulo, Companhia das Letras, 1993, p. 30. (N. T.)

11. Em que a força gerativa da Vontade na natureza se faz sentir sobremaneira. (N. T.)

12. Princípio de individuação. (N. T.)

13. A individuação é abolida pela força gerativa da natureza no homem, pelo constante lançar-se da Vontade na natureza para a criação. Essa força gerativa é a potência telúrica, mais apropriadamente representada na humanidade pela vertente feminina. (N. T.)

14. A separação entre os homens é veiculada sobretudo pelo ímpeto para a individuação vigente na humanidade sobretudo na vertente masculina, caracterizada por seu impulso guerreiro. (N. T.)

15. Os limites de castas e classe entre os homens foram introduzidos primordialmente, de acordo com o pensamento de Nietzsche, pela vertente masculina sob a hegemonia do guerreiro. (N. T.)

que a necessidade [*Not*] e o arbítrio estabeleceram entre os homens[16], desaparecem: o escravo é homem livre, o nobre e o de baixa extração unem-se no mesmo coro báquico. Em multidões sempre crescentes o evangelho da "harmonia dos mundos" dança em rodopios de lugar para lugar: cantando e dançando expressa-se o homem como membro de uma comunidade ideal mais elevada: ele desaprendeu a andar e a falar. Mais ainda: sente-se encantado e tornou-se realmente algo diverso. Assim como as bestas falam e a terra dá leite e mel, também soa a partir dele algo sobrenatural. Ele se sente como deus: o que outrora vivia somente em sua força imaginativa, agora ele sente em si mesmo. O que são para ele agora imagens e estátuas? O homem não é mais artista, tornou-se obra de arte, caminha tão extasiado e elevado como vira em sonho os deuses caminharem. O poder artístico da natureza, não mais o de um homem, revela-se aqui: uma argila mais nobre é aqui modelada, um mármore mais precioso é aqui talhado: o homem. Esse homem, conformado pelo artista Dioniso, está para a natureza assim como a estátua está para o artista apolíneo[17].

Ora, se a embriaguez é o jogo da natureza com o homem, então o criar do artista dionisíaco é o jogo com a embriaguez. Este estado deixa-se conceber somente alegoricamente, se não se o experimentou por si próprio: é

---

16. Aqui podemos ver uma alusão ao "Hino à Alegria" de Schiller, que serve de texto ao quarto movimento da 9.ª sinfonia de Beethoven. (N. T.)

17. Neste parágrafo, Nietzsche deixa-nos vislumbrar o sentido do dionisismo *grego*, qual seja, o de apropriar-se artisticamente das forças gerativas e plasmadoras da natureza. Dançando e cantando os cortejos dionisíacos gregos assumem artisticamente o que em outros povos se manifesta como vigência orgiástica. O esclarecimento desta conjuntura de coisas segue-se no próximo parágrafo. (N. T.)

alguma coisa de semelhante a quando se sonha e se vislumbra o sonho como sonho. Assim, o servidor de Dioniso precisa estar embriagado e ao mesmo tempo ficar à espreita atrás de si, como observador. O caráter artístico dionisíaco não se mostra na alternância de lucidez e embriaguez[18], mas sim em sua conjugação.

Essa conjugação caracteriza o ponto alto da helenidade[19]: originalmente, apenas Apolo é um deus helênico da arte. Além disso, foi o seu poder que estabeleceu a tal ponto medidas ao Dioniso que irrompia tempestuoso da Ásia que a mais bela aliança fraternal pôde surgir. Aqui se concebe mais facilmente o inacreditável idealismo da essência helênica: a partir de um culto à natureza, que entre os asiáticos significa o mais cru desencadeamento dos impulsos [*Triebe*] mais baixos, uma pan-hetairica vivência bestial, que detona por um tempo determinado todos os vínculos sociais, surgia nos helênicos uma festa de libertação do mundo, um dia de apoteose. Todos os impulsos sublimes de sua essência revelavam-se nesta idealização da orgia.

Nunca, todavia, a helenidade esteve em maior perigo do que na tempestuosa irrupção do novo deus. Nunca, por sua vez, a sabedoria do Apolo délfico se mostrou numa luz mais bela. Resistindo, primeiro, ele envolveu com a mais delicada teia o poderoso opositor, de modo que este mal pôde perceber que entrava passo a passo numa semicatividade. Na medida em que os sacerdotes

---

18. Alusão à concepção do artista lírico de Schopenhauer, que consta no parágrafo 51, livro III, de *O mundo como vontade e representação*. Cf. SCHOPENHAUER, A. *Die Welt als Wille und Vorstellung*, Stuttgart/Frankfurt am Main: Gotta-Insel, 1960, vol. I, p. 349. (N. T.)

19. Criamos aqui a palavra "helenidade" para traduzir adequadamente "*Helenenthum*". (N. T.)

délficos discerniam o profundo efeito do novo culto nos processos de regeneração social e o fomentavam segundo o seu propósito político-religioso, na medida em que o artista apolíneo com refletida moderação aprendia a partir da arte revolucionária do serviço de Baco, na medida, finalmente, em que o senhorio sobre o ano na ordenação do culto délfico foi dividido entre Apolo e Dioniso, ambos os deuses saíram vencedores da disputa: uma reconciliação no campo de batalha[20]. Se se quis ver com bastante clareza o quão violentamente o elemento apolíneo reprimiu o sobrenatural irracional de Dioniso, que se pense no fato de que no período mais antigo da música o γένος διϑυραμβικόν[21] era ao mesmo tempo o ἡσυχαστικόν[22]. Quanto mais forte medrava o espírito da arte apolínea, mais livre se desenvolvia o deus irmão Dioniso: ao mesmo tempo que o primeiro chegava ao completo aspecto imóvel da beleza, no tempo de Fídias, o outro interpretava na tragédia o enigma e o horror do mundo, exprimindo na música trágica o mais íntimo pensamento da natureza, o tecer da Vontade em e para além de todos os fenômenos.

Se a música também é arte apolínea, nessa medida é com rigor somente o ritmo, cuja força *imagética* foi desen-

---

20. E de fato no templo de Apolo, em Delfos, o lugar de um dos mais importantes oráculos de toda a Grécia antiga, que era consultado a respeito das decisões capitais em todas as *póleis*, teria havido uma conciliação entre Apolo e Dioniso, de maneira que, durante o inverno, quando, de acordo com o mito, o primeiro se retirava para o país dos Hiperbóreos, o último aí reinava soberano, e o culto de Dioniso se substituía ao de Apolo. O templo de Apolo, em Delfos, possuía, no seu frontão leste, esculpidos Apolo, Latona, Ártemis, as musas e o crepúsculo de Hélios; e no seu frontão oeste Dioniso e as Tíades.

21. Gênero ditirâmbico. (N. T.)

22. "Que é próprio para acalmar a alma." (N. T.)

volvida para a apresentação dos estados apolíneos: a música de Apolo é arquitetura dos sons, acrescente-se ainda, de sons apenas aludidos, tais como são próprios da cítara. Cautelosamente é mantido afastado justamente o elemento que perfaz o caráter da música dionisíaca, sim, da música em geral: o poder comovedor do som e o mundo absolutamente incomparável da harmonia. O grego tinha para essa a mais fina sensibilidade, como temos que concluir da rigorosa característica das *tonalidades*, ainda que a necessidade de uma harmonia *realizada*, efetivamente sonante, tenha sido neles muito menor do que no mundo moderno. Nas sequências de harmonia e já em sua abreviatura, na chamada melodia, a "Vontade" se revela imediatamente, sem antes se ter imiscuído em um fenômeno. Todo indivíduo pode servir como uma alegoria, assim como um caso individual para uma regra geral. Inversamente, porém, o artista dionisíaco apresentará de modo imediatamente inteligível a essência do fenômeno: ele domina deveras sobre o caos da Vontade ainda não conformada e pode, a partir dele, em cada momento criador, engendrar um novo mundo – *mas também o antigo*, conhecido como fenômeno. Em sentido derradeiro, ele é músico trágico.

Na embriaguez dionisíaca, no impetuoso percorrer de todas as escalas da alma, por ocasião das agitações narcóticas ou na pulsão de primavera [*Frühlingstrieb*], a natureza se expressa em sua força mais elevada: ela torna a unir os seres isolados e os deixa se sentirem como um único; de modo que o *principium individuationis* surge como um estado persistente de fraqueza da Vontade. Quanto mais a Vontade está degradada, tanto mais tudo se despedaça em indivíduos isolados, tanto mais egoísta e arbitrário é desenvolvido o indivíduo, tanto mais fraco é o organismo ao qual ele serve. Por isso, naqueles estados irrompe como que um impulso[23] sentimental da Vontade, um "suspirar da criatura" por algo que foi perdido: desde o mais alto prazer [*Lust*] ressoa o grito de terror, o anelante soar do lamento por uma perda [*Verlust*] irreparável. A natureza exuberante celebra as suas saturnais e os seus funerais ao mesmo tempo. Os afetos de seus sacerdotes estão misturados da maneira a mais estranha, dores despertam prazer, o júbilo arrebata do peito sons torturados. O deus, ὁ λύσιος[24], libertou todas as coisas de si mesmas, tudo transmutou. O canto e a mímica das massas assim agitadas, nas quais a natureza foi dotada de voz e movimento, eram algo de completamente novo e inaudito para o mundo greco-homérico. Para esse mundo, ele era algo de oriental que ele tinha primeiro que dominar, e mesmo dominou, com a sua imensa força rítmica imagética, como dominou também, ao mesmo tempo, o estilo do templo egípcio[25]. Foi o povo apolíneo que colocou o instinto [*Instinkt*] superpoderoso em grilhões: ele subjugou o mais perigoso elemento da natureza, suas mais selvagens bestas. Admira-se o poder idealista da helenidade no mais alto grau se se compara sua espiritualização dos festejos dionisíacos com o que surgiu em outros

---

23. *Zug*, no original, é um substantivo em que ressoa o verbo *ziehen* (puxar, ir etc.), e cujo imperfeito se faz com base em *zog*. *Zug* quer dizer, no alemão corrente, "traço, gole, trem, aspiração, procissão etc. Nesta passagem Nietzsche quer se referir justamente à força atrativa da Vontade para o vórtice do Uno-originário. (N. T.)

24. "O que liberta; o que relaxa ou enfraquece os membros." (N. T.)

25. Os templos e as estátuas egípcias eram, por assim dizer, hirtos: como se podia tornar a obra de arte apolínea (como demonstra o período arcaico desta arte) se não celebrasse uma reconciliação com as forças dionisíacas. (N. T.)

povos a partir da mesma origem. Semelhantes festas são arcaicas e comprováveis por toda parte, sendo o exemplo mais célebre o das chamadas Sáceas na Babilônia. Aqui toda ligação política e social era, durante cinco dias de festa, dilacerada; mas o centro estava na ausência de barreiras demarcatórias para a sexual, na aniquilação de todo laço familiar através do heterismo ilimitado. A contrapartida de tudo isso se oferece na imagem da celebração dionisíaca grega que Eurípedes esboça em *As bacantes*: dessa imagem flui o mesmo encanto, a mesma musical embriaguez de transfiguração que Escopas e Praxíteles concretizavam em estátua. Um mensageiro conta que subira, no calor do meio-dia, ao pico das montanhas com os rebanhos: trata-se da hora e do local propício para se ver o que nunca foi visto; agora Pã dorme, agora o céu é um fundo imóvel de uma glória[26], agora *floresce* o dia. Sobre uma pastagem alpestre o mensageiro observa três coros de mulheres dispersas deitadas sobre o solo e em decente atitude: muitas mulheres se encostaram em troncos de pinheiros: o sono reina em toda parte. Repentinamente a mãe de Penteu põe-se a jubilar, o sono é afugentado, todas se levantam de uma salto, um modelo de nobres costumes; as jovens donzelas e as mulheres deixam cair os seus cachos de cabelo sobre os ombros, a pele de corço é posta em ordem, caso os seus atilhos e laços tenham se desfeito durante o sono. Elas se cingem com serpentes, que lambem familiarmente as suas faces, algumas mulheres tomam nos braços filhotes de lobos e de corços e os amamentam. Todas se enfeitam com coroas de hera e grinaldas, uma batida de tirso no rochedo e água jorra aos borbotões: um

---

26. "Glória" pode significar também a auréola ou o halo em torno das figuras sagradas para simbolizar a santidade. (N. T.)

golpe com o bastão no solo e alteia-se uma fonte de vinho. Doce mel goteja dos ramos, se alguém toca o chão apenas com a ponta dos dedos jorra leite branco como neve[27] – esse é um mundo totalmente encantado, a natureza celebra a sua festa de reconciliação com o homem. O mito diz que Apolo reuniu novamente o Dioniso despedaçado. Essa é a imagem do Dioniso recriado por Apolo, salvo de seu despedaçamento asiático.

2°

Os deuses gregos, na perfeição com que os encontramos já em Homero, não devem ser concebidos como rebentos da penúria [Not] e da necessidade: tais entidades não foram inventadas certamente pelo ânimo [Gemüt] abalado pela angústia: não foi para voltar as costas à vida que uma genial fantasia projetou suas imagens no azul. A partir delas fala uma religião da vida, não do dever, da ascese ou da espiritualidade. Todas essas figuras respiram o triunfo da existência, um sentimento exuberante de vida acompanha o seu culto. Elas não apresentam exigências: nelas o existente é divinizado, seja ele bom ou mau. Medida a partir da seriedade, da santidade e do rigor de outras religiões, a religião grega corre o perigo de ser depreciada como uma fantástica brincadeira – se não se considera um traço frequentemente desconhecido da mais profunda sabedoria, por meio do qual aquele ser epicúrio dos deuses repentinamente aparece como criação do incomparável povo de artistas, e quase como a mais alta criação. A filosofia do *povo* é aquela que foi desvendada

---

27. Para todo o trecho desde "Um mensageiro conta que subira" até aqui, cf. EURÍPIDES, *Bacantes*, vrs. 660-713. (N. T.)

aos mortais pelo deus silvestre cativo: "o melhor, em primeiro lugar, é não ser, em segundo lugar é morrer em breve"[28]. É essa mesma filosofia que configura o fundo daquele mundo dos deuses. O grego conhecia os terrores e horrores da existência, mas os encobria para poder viver: uma cruz escondida sob rosas, segundo o símbolo de Goethe. Aquele luminoso mundo olímpico só veio a dominar porque o tenebroso poder da μοῖρα[29], que destina Aquiles a morrer cedo e Édipo a um pavoroso matrimônio, deveria ser ocultado pelas figuras brilhantes de Zeus, de Apolo, de Hermes etc. Se se subtraísse a *aparência* artística daquele *mundo intermediário*, ter-se-ia que seguir a sabedoria do deus silvestre, do companheiro de *Dioniso*. Era esta a *necessidade* a partir da qual o gênio artístico desse povo criou esses deuses. Eis por que uma teodiceia não foi jamais um problema helênico: evitava-se atribuir aos deuses a existência do mundo e, por conseguinte, a responsabilidade por sua condição. Também os deuses eram submetidos à ἀνάγκη[30]: este é um credo da mais rara sabedoria. Ver sua existência, tal como ela é inelutavelmente, em um espelho transfigurador, e proteger-se com esse espelho contra a medusa – essa foi a genial estratégia da "Vontade" helênica para poder viver. Pois de que outra maneira aquele povo infinitamente sensível e tão brilhantemente dotado para o *sofrer* poderia suportar a existên-

---

28. Trata-se de Sileno, o deus silvestre que a mitologia grega aponta como sendo um educador e servidor de Dioniso, e que era tido como pai dos sátiros. No capítulo 3 de *O nascimento da tragédia* esta passagem se encontra mais amplamente desenvolvida. Cf. NIETZSCHE, *O nascimento da tragédia*, trad. J. Guinsburg, São Paulo: Companhia das Letras, 1993, p. 36. (N. T.)

29. "Destino, fado." (N. T.)

30. "Necessidade." Aqui Nietzsche se refere à necessidade do destino. (N. T.)

cia, se a ele não se mostrasse *essa mesma existência* nimbada de uma glória mais alta nos seus deuses! A mesma pulsão [*Trieb*] que chama a arte à vida, como o *preenchimento* e completude da existência seduzindo para o continuar vivendo, deixou também que surgisse o mundo olímpico, um mundo da beleza, da calma, do gozo.

No mundo homérico, a partir do efeito de uma tal religião, a vida é conhecida como o que é em si digno de ser almejado: a vida sob o claro brilho solar de tais deuses. A *dor* do homem homérico reporta-se ao abandono dessa existência, antes de tudo ao ter que abandoná-la cedo: quando o lamento se faz ouvir, é por "Aquiles de curta vida", é pela rápida mudança do gênero humano [*Menschengeschlechtes*], pelo desaparecimento do tempo dos heróis. Não é indigno dos maiores heróis ansiar por continuar vivendo, mesmo que seja como um trabalhador diarista. Nunca a "Vontade" se expressou mais abertamente do que na helenidade, cujo lamento mesmo ainda é sua canção de louvor. Por isso o homem moderno anela por aquele tempo em que ele acredita ouvir o uníssono completo entre o homem e a natureza, por isso o helênico é a palavra-chave para todos os que têm de procurar brilhantes protótipos para a sua afirmação consciente da Vontade; por isso, finalmente, surgiu o conceito de "sereno-jovialidade grega"[31] entre as mãos de escritores ciosos de gozo, de modo que, de maneira irreverente, uma preguiçosa vida de indolência se atreveu a desculpar-se e mesmo a honrar-se com a palavra "grego".

Em todas essas representações que se perdem do mais nobre ao mais vulgar, a helenidade é tomada de ma-

---

31. "Sereno-jovialidade" foi a expressão criada por J. Guinsburg em sua tradução de *O nascimento da tragédia* para traduzir *"Heiterkeit"*. (N. T.)

neira por demais crua e simples, e em certa medida formada segundo a imagem de nações sem dubiedade, como que unilaterais (por exemplo, dos romanos). Dever-se-ia suspeitar a necessidade da aparência artística também na visão de mundo [*Weltanschauung*] de um povo que costuma transformar em ouro tudo o que toca. Realmente, como já foi aludido, nós também encontramos uma ilusão monstruosa nessa visão de mundo, a mesma ilusão da qual a natureza se serve tão regularmente para o alcance de suas metas. O verdadeiro fim é ocultado por uma quimera: em direção a essa quimera estendemos a mão, ao mesmo tempo que aquele fim é alcançado pela natureza por meio dessa ilusão. Nos gregos, a Vontade queria se contemplar transfigurada em obra de arte: para se magnificar, as suas criaturas precisavam se sentir como dignas de magnificação, elas precisavam se rever em uma esfera mais alta, como que elevadas ao ideal, sem que esse mundo perfeito da contemplação agisse como imperativo ou reprovação. Essa é a esfera da beleza na qual eles miravam as suas imagens especulares, os olímpicos. Com essa arma a Vontade helênica lutou contra o talento – correlativo ao talento artístico – para o *sofrer* e para a sabedoria do sofrimento[32]. A partir dessa luta e como monumento de sua *vitória* nasceu a tragédia.

A *embriaguez* do *sofrer*[33] e o *belo sonho* têm seus mundos divinos diferentes: a primeira, na onipotência de sua

---

32. Alusão ao pessimismo de Schopenhauer e do romantismo. (N. T.)

33. Para Nietzsche o sentido último da embriaguez, do impulso da criação na Vontade, é o Uno-originário de pura dor – o puro anelo, a pura necessidade, a pura Vontade como fundo abissal do puro lançar--se para si da Vontade, para permanecer sempre Vontade como sentido último de todo o mundo. (N. T.)

essência, penetra nos mais íntimos pensamentos da natureza, conhece a terrível pulsão [*Trieb*] para a existência e ao mesmo tempo a contínua morte de tudo o que chegou à existência; os deuses que ela engendra são bons e maus, assemelham-se ao acaso, assustam com os seus planos que emergem subitamente, não têm compaixão nem o prazer no belo. Eles são aparentados à verdade e aproximam-se do conceito: rara e dificilmente condensam-se em figuras. Contemplá-los pode petrificar: como se deve viver com eles? Mas não se deve: essa é a sua lição.

Desse mundo divino – se ele não pode ser encoberto completamente como um segredo culpável – o olhar deve ser subtraído por meio do brilhante nascimento onírico do mundo olímpico colocado junto a ele[34]: por isso, quanto mais forte se faz valer a verdade[35] ou o símbolo daquele mundo divino, tanto mais se acentua a cadência das cores e a sensibilidade das formas desse mundo olímpico. Nunca, porém, a luta entre verdade e beleza foi maior do que na invasão do culto de Dioniso: nele a natureza se desvelou e falou de seu segredo com uma terrível clareza, com o *tom* diante do qual a aparência sedutora quase perdeu seu poder. Essa fonte originou-se da Ásia: mas deveria tornar-se na Grécia um rio, porque ela aqui encontrou pela primeira vez o que a Ásia não lhe ofertou, a mais excitável sensibilidade e capacidade de sofrer emparelhadas com a mais leve reflexão e perspicácia. Como Apolo sal-

---

34. A ilusão é aqui referida como indubitavelmente necessária à vida, pois a verdade se recolhe em última instância no Uno-originário de pura dor, como núcleo original da Vontade, como indubitavelmente assinala, por exemplo, o começo do capítulo 4 de *O nascimento da tragédia*. (N. T.).

35. A verdade aqui aludida é a verdade do fundo de dor de todo o mundo, e não a verdade no sentido otimista socrático. (N. T.)

vou a helenidade? O novo adventício foi atraído ao mundo da bela aparência, ao mundo olímpico: a ele foram sacrificadas muitas das honras das mais consideradas divindades, de Zeus, por exemplo, e de Apolo. Nunca se fizeram tantas cerimônias com um estrangeiro: deveras ele era um terrível estrangeiro (*hostis*[36] em todo sentido), poderoso o bastante para arruinar a casa hospedeira. Uma grande revolução começou em todas as formas de vida: em toda parte penetrou Dioniso, mesmo na arte[37].

A visão, o belo, a aparência delimitam o domínio da arte apolínea: esse domínio é o mundo transfigurado dos olhos que no sonho, com as pálpebras fechadas, criam artisticamente. A *epopeia* também quer nos transportar a esse estado de sonho: não devemos ver nada com os olhos abertos e temos que nos apascentar com imagens interiores, para cuja produção o rapsodo procura nos estimular por meio de conceitos[38]. O efeito das artes plásticas é alcançado aqui por um desvio: enquanto o escultor nos guia por meio do mármore esculpido ao deus *vivo* visto por ele em sonho, de modo que a figura que paira diante propriamente como τέλος[39] se torna clara tanto para o escultor

---

36. "estrangeiro" e também "inimigo". (N. T.)

37. No rascunho de Nietzsche, consta, como fim do parágrafo, a seguinte continuação: "Ele veio, armado com uma nova arte que, diante da arte da bela aparência, era a anunciadora da verdade, com a música." (N. T.)

38. Nietzsche, nesta passagem, quer nos dizer que a palavra, usada pelo rapsodo para suscitar imagens, é privilegiadamente a veiculadora do conceito, e que portanto é com conceitos que o rapsodo estimula a nossa imaginação. Segundo Schopenhauer o *conceito*, a abstração que o homem promove a partir do mundo como dado, e que não pode ser representado por nenhuma intuição particular, pois sempre abrange um universo de intuições que não pode ser reduzido inteiramente a nenhuma, é representado o mais adequadamente pela palavra. (N. T.)

39. "Fim." (N. T.)

como para o espectador, e o primeiro provoca no último, através da *forma intermediária* da estátua, uma visão secundária: assim o poeta épico vê a mesma figura viva e quer apresentá-la também aos outros para a contemplação. Mas não coloca mais nenhuma estátua entre ele e os homens: ele narra, antes, como aquela figura demonstra sua vida, em movimento, tom, palavra, ação, ele nos força a reconduzir uma grande quantidade de efeitos à causa, ele nos constrange a uma composição artística. Ele terá alcançado o seu objetivo se virmos claramente diante de nós a figura ou o grupo ou a imagem, se conseguir nos comunicar aquele estado onírico no qual ele mesmo primeiro engendrou aquelas representações. A exortação da epopeia à criação *plástica* prova como a lírica é absolutamente diferente da epopeia, uma vez que aquela não tem jamais como fim a formação de imagens. O comum entre ambas é somente algo de material, a palavra, ainda mais geralmente o conceito: quando falamos de poesia, então não temos em vista nenhuma categoria que fosse coordenada com a arte plástica e com a música, mas sim uma aglutinação de dois meios artísticos que em si são totalmente diferentes, dos quais um significa um caminho para a arte plástica, o outro um caminho para a música: ambos são somente *caminhos* para a criação artística, não artes eles mesmos. Nesse sentido, também a pintura e a escultura são naturalmente apenas meios artísticos: a arte propriamente dita é o poder criar imagens, seja esse o criar primário ou o criar secundário[40]. Sobre essa propriedade[41] – que é universalmente humana – repousa o *significado cultural* da arte. O artista – como aquele que constrange

---

40. Que é o criar do espectador: secundário em relação ao criar do próprio artista. (N. T.)

41. De criar artisticamente. (N. T.)

à arte por meios artísticos – não pode ser ao mesmo tempo o órgão catalisador da atividade artística.

O culto às imagens da *cultura* apolínea, tenha essa se exprimido no templo, na estátua ou na epopeia homérica, tinha o seu fim sublime na exigência ética da *medida*[42], que corre paralela à exigência da beleza. A medida, colocada como exigência, só é possível onde a medida, o limite é *cognoscível*. Para que se possam observar os próprios limites, precisa-se conhecê-los: por isso a advertência apolínea γνῶθι σεαυτὸν[43]. O espelho, no entanto, no qual somente o grego apolíneo podia ver-se, isto é, reconhecer-se, era o mundo dos deuses olímpicos: aqui ele reconhecia sua própria essência mais própria envolvida pela bela aparência do sonho. A medida, sob cujo jugo se movia o novo mundo dos deuses (em contraposição a um mundo de titãs que foi precipitado), era a da beleza: o limite que o grego tinha que observar era o da bela aparência. A meta mais íntima de uma cultura voltada para a aparência e a medida não pode ser senão o velamento da verdade: ao incansável investigador a *seu* serviço gritava-se como advertência, assim como ao superpotente titã, μηδέν ἄγαν[44]. Em Prometeu é mostrado aos gregos um exemplo de como um fomento desmesurado do conhecimento humano tem efeito nocivo tanto para o fomentador como para o fomentado[45]. Quem quer sair-se bem com sua sa-

---

42. No apolinismo a humanidade guerreira grega transfigurou-se numa vida bela de ser contemplada, numa vida toda ela voltada para a glória e a nomeada, que merecia ser cantada pelos vates e comemorada pelo estado apolíneo. (N. T.)

43. "Conhece-te a ti mesmo." (N. T.)

44. "Nada de mais." (N. T.)

45. Pois a verdade última é o fundo de dor do Uno-primordial. (N. T.)

bedoria diante do deus deve, como Hesíodo, μέτρον ἔχειν σοφίης⁴⁶.

Em um mundo construído dessa maneira e artificialmente protegido penetrou então o som extático da celebração de Dioniso, no qual a inteira *desmedida* da natureza se revelava ao mesmo tempo em prazer, em sofrimento e em conhecimento. Tudo o que até agora valia como limite, como determinação de medida, mostrou-se aqui como uma aparência artificial: a "desmedida" desvelava-se como verdade. Pela primeira vez bramia a canção popular, demoniacamente⁴⁷ fascinante, em toda a ebriedade de um sentimento superpotente: o que significava diante disso o artista salmodiante de Apolo, com os sons de sua κιθάρα⁴⁸ só timidamente insinuados? O que antes era propagado em corporações poético-musicais, que se dispunham em forma de castas, e era ao mesmo tempo mantido afastado de toda participação profana, o que precisava permanecer, sob o poder do gênio apolíneo, no nível de uma mera arquitetônica, o elemento musical, rejeitava aqui todas as barreiras: a rítmica de antes, movendo-se no mais elementar ziguezague, libertava os seus membros para a dança bacante: o *som* ressoava, não mais como antes em fantasmagórica rarefação, mas sim com a sua massa mil vezes intensificada e com o acompanhamento de instrumentos de sopro de ressonância profunda. E o mais misterioso aconteceu: a harmonia, que em seu movimento leva a Vontade da natureza ao entendimento imediato, veio aqui ao mundo. Agora, as coisas em torno de Dioniso, que no mundo apolíneo jaziam veladas artificialmen-

---

46. "Ter a medida da sabedoria." (N. T.)
47. *Daimon* (δαίμων), divindade mais próxima do homem. (N. T.)
48. "Cítara." (N. T.)

te, ganham som: todo o esplendor dos deuses olímpicos empalidecia diante da sabedoria do Sileno. Uma arte que em sua embriaguez extática dizia a verdade afugentava as musas das artes da aparência; no esquecimento de si dos estados dionisíacos dava-se o ocaso do indivíduo com seus limites e medidas; um crepúsculo dos deuses era iminente.

Qual era a intenção da Vontade – que afinal é todavia *uma* – ao permitir a entrada dos elementos dionisíacos, contra sua própria criação apolínea?

Tratava-se de uma nova e mais alta μηχανή[49] da existência, o nascimento do *pensamento trágico*.

3º

O arrebatamento do estado dionisíaco, com a sua aniquilação das barreiras e limites habituais da existência, contém, enquanto dura, um elemento *letárgico* no qual mergulha tudo o que foi vivenciado no passado. Assim se separam, por meio desse abismo do esquecimento, o mundo da realidade cotidiana e o mundo da realidade dionisíaca. Tão logo, porém, aquela realidade cotidiana retorna à consciência é sentida como tal com *repugnância*: uma disposição de humor *ascética*, negadora da Vontade, é o fruto daqueles estados. No pensamento, o dionisíaco, como uma ordenação de mundo mais elevada, se opõe a uma ordenação[50] de mundo vulgar e ruim: o grego queria absoluta fuga desse mundo da culpa e do destino. Ele

---

49. "Expediente, recurso." (N. T.)
50. O começo do capítulo 3 é um reflexo da apropriação por Schopenhauer do pensamento de Platão. (N. T.)

mal se deixava consolar por um mundo depois da morte: seu anelo ia mais alto, para além dos deuses, ele negava a existência com seu reflexo de brilho variegado nos deuses. Na consciência do despertar da embriaguez ele vê por toda parte o horrível ou absurdo do ser humano: esse o repugna. Agora ele entende a sabedoria do deus silvestre.

Aqui é alcançado o limite mais perigoso que a Vontade helênica podia permitir com o seu princípio fundamental apolíneo-otimista. Aqui esta Vontade agiu imediatamente com sua força curativa natural, para dobrar novamente aquela disposição de humor negadora: seu meio é a obra de arte trágica e a ideia trágica. Sua intenção não podia ser absolutamente abafar ou nem mesmo reprimir o estado dionisíaco: uma subjugação direta era impossível, e se fosse possível seria, porém, por demais perigoso: pois o elemento detido em sua efusão então abriria caminho noutra parte e penetraria todas as veias da vida.

Antes de tudo se tratava de transformar aqueles pensamentos de repugnância sobre o horrível e o absurdo da existência em representações, com as quais se pudesse viver: essas são o *sublime* como sujeição artística do horrível e o *ridículo* como descarga artística da repugnância do absurdo[51]. Esses dois elementos, que se entrelaçam um com o outro, são unidos em uma obra de arte que imita a embriaguez, que joga com a embriaguez.

O sublime e o ridículo são um passo para além do mundo da bela aparência, pois se percebe nos dois conceitos uma contradição. Por outro lado, eles não coincidem de modo algum com a verdade: pois são um vela-

---

51. Alusão à tragédia e à comédia, respectivamente, como as duas possibilidades fundamentais da arte dionisíaca. (N. T.)

mento da verdade, um velamento que é certamente mais transparente do que a beleza, mas que ainda é um velamento. Nós temos neles, portanto, um *mundo intermediário* entre beleza e verdade: nesse mundo intermediário é possível uma união de Dioniso com Apolo. Esse mundo revela-se em um jogo [*Spiel*] com a embriaguez, não em ser completamente tragado por ela. No ator nós reconhecemos novamente o homem dionisíaco, o instintivo poeta-cantor-dançarino, mas agora como homem dionisíaco *representado* [*gespielten*][52]. Ele procura alcançar o protótipo desse homem na comoção do sublime ou também na comoção do cômico: ele ultrapassa a beleza e não procura, todavia, a verdade. Fica pairando no intermédio de ambos. Não aspira à bela aparência, mas à aparência, não à verdade, mas à *verossimilhança* (símbolo, sinal da verdade). O ator nos primórdios não era naturalmente um indivíduo: a massa dionisíaca, o povo, era o que devia ser representado: por isso o coro ditirâmbico. Por meio do jogo com a embriaguez, ele próprio devia ser como que descarregado da embriaguez, assim como também o coro circundante dos espectadores. Do ponto de vista do mundo apolíneo, a helenidade devia ser *curada* e *expiada*: Apolo como o legítimo deus da cura e da expiação salvou o grego do êxtase *clarividente* e da repugnância pela existência – por meio da obra de arte do pensamento tragicômico.

O novo mundo artístico, o mundo do sublime e do ridículo, o mundo da "verossimilhança", repousava sobre uma outra visão dos deuses e de mundo, diferente da antiga, inerente à bela aparência. O conhecimento dos ter-

---

52. Alusão aos primórdios da tragédia, quando o autor compunha os versos e representava o papel principal. (N. T.)

rores e das absurdidades da existência, da ordem perturbada e da irracionalidade dos planos, do monstruoso *sofrimento* em toda a natureza tinha desvelado as figuras artificialmente encobertas da Moira e das Eríneas, da Medusa e da Górgona[53]: os deuses do Olimpo corriam o mais alto perigo. Na obra de arte tragicômica eles foram salvos, na medida em que também foram mergulhados no mar do sublime e do ridículo: cessaram de ser apenas

---

53. A Μοῖρα, como já dissemos acima, pode ser traduzida aproximadamente por "destino, fatalidade". As Eríneas eram divindades que nasceram, segundo a *Teogonia* de Hesíodo, do sangue de Urano (o Céu), derramado durante a sua castração por Cronos, ao cair sobre Gaia (a Terra), e que não reconheciam o poder dos deuses olímpicos – como podemos constatar na *Oresteia* de Ésquilo –, pois estavam relacionados à época da helenidade chamada por Nietzsche de titânica em *O nascimento da tragédia*, em que as ligações predominantes entre os homens eram as ligações de sangue, as ligações em que a Terra, o devir na Vontade na natureza, ainda tinha um grande peso. Nesse contexto, as Eríneas eram divindades que vingavam os crimes relacionados à ligação de sangue, e que obrigavam a vingança de crimes por parte daqueles aos quais pela relação de sangue os crimes cometidos podiam concernir. A Medusa era uma das Górgonas, que são também divindades ctônicas, ligadas portanto ao período pré-olímpico ou titânico, e que originalmente eram um ser divino único, com três cabeças, das quais uma era Medusa – Górgona etimologicamente provém de γοργός, que significa "veemente, impetuoso, ardente; (tratando-se do olhar e do aspecto) terrível, assustador". As Górgonas tinham no lugar dos cabelos, serpentes, assim como presas pontiagudas como a do javali, mãos de bronze e asas de ouro que as permitiam voar. Elas habitavam no extremo ocidental da Terra, junto às Hespérides. O seu olhar era tão penetrante e flamejante que quem o fitasse petrificava-se. Depois de Perseu ter decaptado Medusa, a única Górgona mortal, Atena, a deusa da razão, colocou a sua cabeça no centro de seu escudo, a égide, para que quem o olhasse se transformasse em pedra. Daí o sentido de Nietzsche afirmar que para a época mais tônica da humanidade helênica o conhecimento, a verdade, na medida em que era um vislumbre do Uno-primordial, petrificava. (N. T.)

"belos". Eles como que absorveram em si aquela ordem mais antiga das divindades e sua sublimidade. Agora eles tinham se separado em dois grupos, somente poucos pairavam no intermédio, como divindades ora sublimes, ora ridículas. Sobretudo Dioniso mesmo recebeu este caráter ambíguo.

Em dois tipos mostra-se da melhor maneira como se podia tornar a viver agora no período trágico da helenidade: em Ésquilo e em Sófocles. O sublime aparece ao primeiro, como pensador, o mais frequentemente na justiça grandiosa. Para ele, homem e deus estão na mais estreita comunidade subjetiva: o divino-justo-moral e o *feliz* estão para ele homogeneamente entrelaçados. Segundo essa balança é avaliado o indivíduo, homem ou titã. Os deuses são reconstruídos segundo essa norma de justiça. Assim é, por exemplo, corrigido o credo popular no *daimon* que cega, que induz a delitos – um resto daquele antiquíssimo mundo de divindades que foi destronado pelos olímpicos –, na medida em que esse *daimon* se torna um instrumento na mão do Zeus que castiga com justiça. A ideia da maldição da estirpe, também antiquíssima – e da mesma maneira estranha aos olímpicos –, é despida de toda acerbidade, porque em Ésquilo não há nenhuma *necessidade* que leve o indivíduo ao crime, todos podem escapar dessa necessidade.

Enquanto Ésquilo encontra o sublime na sublimidade da administração da justiça olímpica, Sófocles a vê – de uma maneira maravilhosa – na sublimidade do impenetrável dessa justiça. Ele reproduz em todos os elementos o ponto de vista do povo. O caráter imerecido de um horrível destino pareceu-lhe sublime, os enigmas verdadeiramente insolúveis da existência humana eram as suas musas trágicas. O sofrimento ganha nele a sua transfiguração; ele é concebido como algo divinizante. A distância entre o humano e o divino é imensurável; convém, por isso, a mais profunda entrega e resignação. A virtude propriamente dita é a σωφροσύνη[54], efetivamente uma virtude negativa. A humanidade heroica é a mais nobre humanidade sem aquela virtude; seu destino demonstra aquele abismo infinito. Mal há uma *culpa*, somente uma falta de conhecimento sobre o valor dos homens e seus limites.

Esse ponto de vista é, em todo caso, mais profundo e mais íntimo do que o de Ésquilo. Ele se aproxima significativamente da verdade dionisíaca e a exprime sem muitos símbolos – e, apesar disso, reconhecemos aqui o princípio ético de Apolo entrançado na visão dionisíaca do mundo! Em Ésquilo a repugnância dilui-se no sublime assombro diante da sabedoria da ordenação do mundo, que só é *difícil* de ser reconhecida devido à fraqueza do homem. Em Sófocles, esse assombro é ainda maior porque aquela sabedoria é completamente insondável. Trata-se da mais pura disposição para a piedade, que é sem luta, enquanto a disposição de Ésquilo tem continuamente a tarefa de justificar a justiça divina, e por isso se detém sempre diante de novos problemas. Para Sófocles, o "limite do homem", pelo qual Apolo ordena procurar, é reconhecível. No entanto, ele é mais estreito e restrito do que Apolo considerava ser na época pré-dionisíaca. A falta de conhecimento de si no homem é o problema de Sófocles; a falta de conhecimento sobre os deuses no homem, o problema de Ésquilo.

Piedade, a mais estranha máscara da pulsão de vida! Entrega a um *mundo de sonho* perfeito, ao qual é outorga-

---

54. "Prudência, bom-senso; moderação nos desejos, temperança." (N. T.)

da a mais alta *sabedoria* moral! Fuga diante da verdade, para poder adorá-la de longe, envolta em nuvens! Reconciliação com a realidade, *porque* ela é enigmática! Aversão contra a decifração de enigmas, porque nós não somos deuses! Voluptuoso prostrar-se na poeira, repouso feliz na desgraça! A mais alta renúncia de si por parte do homem em sua mais alta expressão! Magnificação e transfiguração dos meios terríveis e dos pavores da existência enquanto meios de cura *da* existência! Vida alegre no desprezo da vida! Triunfo da Vontade em sua negação!

Nesse estágio de conhecimento há somente dois caminhos, o do *santo* e o do *artista trágico*: ambos têm em comum o fato de mesmo no mais claro conhecimento da nulidade da existência poder continuar vivendo sem vislumbrar nenhuma falha em sua visão de mundo. A repugnância em continuar vivendo é sentida como meio para a criação, seja essa criação santificante ou artística. O horrível ou o absurdo elevam, porque só *em aparência* é horrível ou absurdo. A força dionisíaca de encantamento comprova-se ainda aqui no mais alto píncaro dessa visão de mundo: todo o real dilui-se em aparência, e atrás desta se manifesta a *natureza* unitária *da Vontade*, inteiramente na glória da sabedoria e da verdade, envolta em brilho ofuscante. *A ilusão, a alucinação está em seu apogeu.*

Agora não parecerá mais inconcebível que a mesma Vontade que, como apolínea, ordenava o mundo helênico, tenha recebido em si sua outra forma de aparição, a Vontade dionisíaca. A luta de ambas as formas de aparição da Vontade tinha um fim extraordinário, criar uma *possibilidade mais elevada da existência* e também nessa possibilidade de chegar a uma *magnificação* ainda *mais elevada* (por meio da arte). Não mais a arte da aparência, mas a arte trágica era a forma de magnificação: nela, porém, aquela arte da aparência foi totalmente absorvida. Apolo e Dioniso se uniram. Assim como na vida apolínea penetrou o elemento dionisíaco, assim como a aparência também aqui se estabeleceu como limite, a arte dionisíaco-trágica não é mais "verdade". Aquele cantar e dançar não é mais a instintiva embriaguez da natureza: a massa do coro em agitação dionisíaca já não é a massa do povo inconscientemente arrebatada pela pulsão da primavera. A verdade é agora *simbolizada*, ela se serve da aparência, ela pode e precisa por isso também usar as artes da aparência. Todavia, no fato de que agora todos os meios artísticos da aparência são chamados em auxílio *conjuntamente*, de modo que a estátua anda, as pinturas dos periactos movem-se e ora o templo, ora o palácio são apresentados ao olho por meio do mesmo muro no fundo da cena. Nós observamos, portanto, ao mesmo tempo uma certa *indiferença com relação à aparência*, que aqui tem que abandonar as suas eternas pretensões e as suas soberanas exigências. A aparência não é mais absolutamente gozada como *aparência*, mas sim como *símbolo*, como signo da verdade. Por isso a – em si escandalosa – fusão dos meios artísticos. O mais claro sinal desta depreciação da aparência é a *máscara*.

Ao espectador é feita, portanto, a exigência dionisíaca de que a ele tudo se represente sob encantamento, de que ele sempre veja mais do que o símbolo, de que o mundo inteiro visível da cena e da orquestra seja o *reino do milagre*. Onde, todavia, está o poder que o transporta à disposição de crer em milagre, por meio do qual ele vê tudo sob encantamento? Quem vence o poder da aparência e a despontencializa até o símbolo?

Trata-se da *música*.

4.º

O que nós denominamos "sentimento" [*Gefühl*] a filosofia que caminha pelas vias de Schopenhauer nos ensina a conceber como um complexo de representações inconscientes e de estados da Vontade. As aspirações da Vontade, porém, se expressam como prazer ou desprazer e nisso mostram somente diferença quantitativa. Não há espécies de prazer, mas sim graus e um sem-número de representações paralelas. Por prazer temos que entender o apaziguamento da *única* Vontade, sob desprazer o seu não apaziguamento[55].

Ora, de que maneira se participa o sentimento? Parcialmente, muito parcialmente ele pode ser transformado em pensamentos, portanto em representações conscientes; isso só vale naturalmente para a parte das representações paralelas. Porém, mesmo nesse domínio do sentimento sempre fica um resto indissolúvel. A linguagem, ou seja, o conceito, só tem que ver com o que é indissolúvel: a partir disso se determina o limite da "*poesia*" na capacidade de expressão do sentimento[56].

As duas outras espécies de comunicação são completamente instintivas, sem consciência e todavia atuando de acordo com metas. Trata-se da *linguagem* dos *gestos* e do *som*. A linguagem dos gestos consiste em símbolos universalmente inteligíveis e é engendrada através de movimentos reflexos. Esses símbolos são visíveis: o olho,

---

55. Cf. *Fragmento póstumo 3[19], inverno de 1869-70 – primavera de 1870*, Apêndice. (N. T.)

56. O que Nietzsche chama aqui de consciência é a articulação de conceitos, que, como indica Schopenhauer, são universalizações feitas pela abstração do intelecto humano *a partir do mundo* e de seu sentido. (N. T.)

que os vê, transmite logo a seguir o estado que produziu o gesto e que este simboliza: na maioria das vezes aquele que vê sente uma inervação simpática das mesmas partes do rosto ou dos mesmos membros, cujo movimento ele percebe. Símbolo significa aqui uma cópia muito imperfeita, fragmentada, um sinal alusivo, sobre cuja compreensão se precisa concordar: só que, nesse caso, a compreensão geral é *instintiva*, portanto não atravessada pela clara consciência[57].

O que simboliza então o *gesto* naquele ser duplo, no sentimento?

Evidentemente a *representação paralela*, pois só ela pode ser aludida, imperfeita e fragmentariamente, através do gesto visível: uma imagem só pode ser simbolizada por uma imagem.

A pintura e a escultura apresentam o homem no gesto: ou seja, elas imitam o símbolo e terão alcançado seus efeitos se entendermos o símbolo. O prazer da contemplação consiste no entendimento do símbolo, apesar de sua aparência[58].

O ator, por outro lado, apresenta realmente o símbolo, não somente em aparência: mas o seu efeito sobre nós repousa não sobre o entendimento do símbolo: antes afundamo-nos no sentimento simbolizado e não nos detemos no prazer da aparência, na bela aparência.

Assim, a decoração no drama não provoca absolutamente o prazer da aparência, mas a compreendemos como

---

57. Cf. *Fragmento póstumo 3[18], inverno de 1869-70 – primavera de 1870*, Apêndice. (N. T.)

58. O prazer em uma pintura, de acordo com Nietzsche, é um prazer "simpático", ou seja, é uma comunhão do *páthos* representado na pintura ou na estatuária. A aparência, contudo, permanece um véu que mantém afastado de nós o *páthos*. (N. T.)

símbolo e entendemos o real aludido por ela. Bonecos de cera e plantas reais junto a bonecos e plantas meramente pintados agora são perfeitamente admissíveis para nós, o que prova que tornamos presente aqui realidade, não a aparência artística. A tarefa aqui é a verossimilhança, não mais a beleza[59].

O que é, todavia, beleza? – "A rosa é bela" quer dizer somente: a rosa tem uma boa aparência, ela tem algo resplandecente que é agradável. Nada é enunciado com isso sobre a sua essência. Ela agrada, ela provoca prazer como aparência: isto é, a Vontade é apaziguada com sua[60] aparência, o prazer na existência é fomentado por meio disso. Quanto à sua aparência, ela é uma cópia fiel de sua Vontade: o que é idêntico a essa forma: ela corresponde quanto à sua aparência à determinação de gênero. Quanto mais ela o faz, mais é bela: se ela corresponde quanto à sua essência àquela determinação, então ela é "boa".

"Uma bela pintura" significa somente: a representação, que temos de uma pintura, é aqui consumada: quando, porém, denominamos "boa" uma pintura, então designamos nossa representação de uma pintura como correspondente à *essência* da pintura. Na maioria das vezes, porém, é entendido como uma bela pintura uma pintura que apresenta algo de belo: é o julgamento dos leigos. Esses fruem da beleza da matéria: *assim* devemos fruir

---

59. O drama tem uma presença, uma vigência, um agora que representa mais imediatamente o *páthos* da Vontade, e por isso é mais apropriado para a aproximação do acontecimento trágico, para a sua iminência e finalmente para o seu acontecer propriamente dito, com toda a carga do *páthos* da Vontade que lhe é inerente. E, todavia, o drama ainda possui o véu da representação, da estética, da manifestação da Vontade diferenciando-se da vigência Vontade mesma. (N. T.)

60. Da rosa. (N. T.)

da arte plástica no drama. Só é preciso acrescentar que não cumpre aqui apresentar só o belo: é suficiente se há aparência de *verdadeiro*. O objeto apresentado deve ser apreendido o mais possível sensível e vivamente; ele deve atuar como verdade: uma exigência cujo *oposto* é reivindicado em toda obra da bela aparência.

Se, todavia, o gesto simboliza no sentimento as representações paralelas, sob que símbolo são *comunicadas* à nossa inteligibilidade as comoções da *Vontade* mesma? Qual é aqui a intermediação instintiva?

A *intermediação* do *som*. Tomado mais exatamente, trata-se dos diferentes modos do prazer e do desprazer – sem nenhuma representação paralela – que o som simboliza.

Tudo o que nós podemos exprimir como característica das diferentes sensações de desprazer são imagens das representações que se tornaram claras por meio da simbólica dos gestos: por exemplo, quando falamos do repentino terror, do "percutir, puxar, estremecer, espetar-cortar-morder-coçar" da dor. Com isso parecem ser expressas certas "formas de intermitência" da Vontade, em suma – na simbólica da linguagem do som –, a *rítmica*[61]. Reconhecemos de novo na *dinâmica* do som a plenitude das intensificações da Vontade, a cambiante quantidade de prazer e desprazer. Mas a essência própria do som abriga-se, sem se deixar exprimir metaforicamente, na *harmonia*. A Vontade e seu símbolo – a harmonia – ambas no mais profundo: a *pura lógica*! Enquanto a rítmica e a dinâmica são de certo modo lados extrínsecos da Vontade que se dá a conhecer em símbolos, e quase chegar mesmo a trazer em si ainda o tipo do fenômeno, a harmonia

---

61. *Fragmento póstumo 3[19], inverno de 1869-70 – primavera de 1870*, Apêndice. (N. T.)

é o símbolo da pura essência [*Essenz*] da Vontade. Na rítmica e na dinâmica o fenômeno individual deve ser, de acordo com isso, caracterizado ainda como fenômeno; *desse lado a música pode ser aprimorada como arte da aparência*. O resto indissolúvel, a harmonia, fala da Vontade fora e dentro de todas as formas fenomenais. Ele não é, portanto, mera simbólica do sentimento[62], mas *simbólica do mundo*. Em *sua* esfera é completamente impotente.

Agora concebemos o significado da linguagem dos gestos e da linguagem do som para a obra de *arte dionisíaca*. No original ditirambo primaveril do povo o homem não quer se exprimir como indivíduo, mas sim como *homem representante da espécie*. O fato de ele cessar de ser homem individual é expresso pela simbólica do olho, pela linguagem do gesto, de tal modo que ele passa a falar como *sátiro*, como ser natural entre seres naturais, em gestos e deveras na linguagem dos gestos intensificada, no *gesto da dança*. Por meio do som, porém, ele exprime os mais íntimos pensamentos da natureza: não somente o gênio da espécie, como no *gesto*, mas o gênio da existência em si, a Vontade se faz aqui imediatamente inteligível. Com o gesto ele permanece dentro dos limites da espécie, portanto dentro dos limites do mundo fenomenal. No entanto, com o som, ele como que dilui o mundo do fenômeno em sua unidade original, o mundo de Maia desaparece diante de seu encantamento.

Quando, porém, chega o homem natural à simbólica do som? Quando a linguagem dos gestos não é mais suficiente? Quando o som se torna música? Sobretudo nos

---

62. O sentimento consiste na Vontade ligada a algo (o objeto do sentimento) e a alguma faculdade ou órgão em que se dá esse sentimento. Logo, a Vontade comprometida com fenômenos particulares, e não ainda em estado puro. (N. T.)

estados extremos de prazer e desprazer da Vontade, como Vontade jubilante ou angustiada mortalmente, em suma na *embriaguez do sentimento*: no *grito*. O quanto o grito é mais poderoso e mais imediato em comparação com o olhar! Mas também as comoções medianas da Vontade têm sua simbólica do som: a cada gesto há em geral um som paralelo: só a embriaguez do sentimento é bem-sucedida em elevá-lo à pura sonoridade.

A mais íntima e mais frequente fusão entre uma espécie de simbólica dos gestos e o som denomina-se *linguagem*. A essência da coisa é simbolizada na palavra por meio do som e de sua cadência, da força e do ritmo de sua sonorização; a representação paralela, a imagem, o fenômeno da essência são simbolizados por meio do gesto da boca. Os símbolos podem e precisam ser múltiplos; eles crescem, porém, instintivamente e com grande e sábia regularidade. Um símbolo entendido [*gemerkt*] é um *conceito*: porque ao ser retido na memória o som se esvai completamente, no conceito só é guardado o símbolo da representação paralela. O que se pode designar e diferenciar é o que se "concebe"[63].

A essência da palavra se revela mais clara e mais sensível no símbolo do som em meio à intensificação do sentimento: por isso a palavra tem mais sonoridade. A palavra cantada [*Sprechgesang*][64] é como que uma volta à natureza:

---

63. Cf. *Fragmento póstumo 3[15], inverno de 1869-70 – primavera de 1870*, Apêndice. Com os lábios, a língua, o palato e a garganta nós fazemos os gestos, ou representações acompanhantes, que significam o conceito. O som da palavra – a sua intensidade, a sua gravidade etc. – significa mais apropriadamente o sentimento, o *páthos* que é veiculado por ela. (N. T.)

64. *Sprechgesang*, que traduzimos aqui por "palavra cantada", pode ser traduzido também por "recitativo". No capítulo 19 de *O nascimento da tragédia* o recitativo é visto de uma maneira negativa por

o símbolo desgastado pelo uso obtém novamente sua força original[65].

Na sequência de palavras, portanto por meio de uma cadeia de símbolos, algo de novo e maior deve ser simbolicamente apresentado: a esse nível tornam-se novamente necessárias rítmica, dinâmica e harmonia. Esse círculo mais alto domina agora o círculo mais estreito da palavra isolada: torna-se necessária uma escolha das palavras, uma nova disposição delas, começa a poesia. A palavra cantada em uma frase não é uma sequência de sons de palavras: pois uma palavra tem apenas um som muito relativo, uma vez que sua essência, seu conteúdo apresentado por meio do símbolo é sempre diverso conforme a sua posição. Com outras palavras: a partir da unidade mais alta da frase e da unidade mais elevada da essência simbolizada por ela, o símbolo individual da palavra é continuamente determinado de uma maneira nova. Uma cadeia de conceitos é um pensamento: este é, portanto, a mais alta unidade das representações paralelas. A essência da coisa é inalcançável para o pensamento: que este atue sobre nós como motivo, como estímulo da Vontade, se explica pelo fato de o pensamento ter se tornado símbo-

---

Nietzsche, mas a palavra usada em alemão é *Rezitativ* – cf. NIETZSCHE, F., *O nascimento da tragédia*, trad. J. Guinsburg, São Paulo, Companhia das Letras, 1993, p. 113. Temos a convicção de que entre "A visão dionisíaca do mundo" e *O nascimento da tragédia* ocorreu uma mudança no pensamento de Nietzsche, que no primeiro texto teria interpretado o recitativo pela força da música incidindo na palavra e no segundo texto passou a interpretar o mesmo recitativo pela perspectiva do assujeitamento da música à palavra enquanto conceito. Por isso também a diferença das palavras alemãs usadas *Sprechgesang* e *Rezitativ* respectivamente. (N. T.)

65. Cf. *Fragmento póstumo 3[16], inverno de 1869-70 – primavera de 1870*, Apêndice. (N. T.)

lo compreensível de um fenômeno da Vontade (*Willenserscheinung*), ao mesmo tempo de uma comoção e de um fenômeno da Vontade (*Erscheinung des Willens*)[66]. Falado, porém, ou seja, com a simbólica do som, portanto, ele atua incomparavelmente mais poderosa e diretamente. Cantado – ele alcança o ponto mais elevado de seu efeito, quando a melodia se mostra como o símbolo inteligível de sua Vontade: quando esse não é o caso, então a sequência de sons atua sobre nós, e a sequência de palavras, o pensamento, fica-nos longe e indiferente.

Sempre conforme a palavra deva atuar predominantemente como símbolo da representação paralela ou como símbolo da comoção original da Vontade, sempre, portanto, conforme imagens ou sentimentos devam ser simbolizados, separam-se dois caminhos da poesia, a epopeia e a lírica. O primeiro conduz à arte plástica, o outro à música: o prazer no fenômeno domina a epopeia, a Vontade revela-se na lírica. Aquela desprende-se da música, esta permanece em ligação com ela.

No ditirambo dionisíaco, todavia, o entusiasta dionisíaco é excitado até a máxima intensificação de todas as suas capacidades simbólicas: algo nunca sentido impele-se à expressão, a aniquilação da individuação, o ser-um no gênio da espécie e mesmo da natureza. Agora a essência da natureza deve se exprimir: um novo mundo dos símbolos é necessário, as representações paralelas tornam-se símbolo nas imagens de uma essência do homem intensificada, elas são apresentadas com a máxima

---

66. Nietzsche remete toda significação, todo signo, todo símbolo à Vontade como *páthos* ou comoção. Desta maneira o pensamento, enquanto articulação conceitual, tem o seu sentido enraizado justamente no *páthos* ou na comoção da Vontade, ainda que esta referência seja intermediada pela Vontade como fenômeno. (N. T.)

energia física por meio da completa simbólica corporal, por meio do gesto da dança. Mas também o mundo da Vontade exige uma expressão simbólica inaudita. As potências da harmonia, da dinâmica, da rítmica crescem repentinamente com ímpeto. Dividida em ambos os mundos, a poesia alcança também uma nova esfera: ao mesmo tempo sensibilidade da imagem, como na epopeia, e embriaguez sentimental do som, como na lírica. Para se apreender esse desencadeamento conjunto de todas as forças simbólicas é preciso a mesma intensificação da essência que a criou: o servidor ditirâmbico de Dioniso só é compreendido por seu igual. Por isso, todo esse novo mundo da arte dança em rodopio em sua maravilha selvagemente estranha e sedutora entre terríveis *lutas* através da helenidade apolínea.

APÊNDICE*

3[15]
A partir do grito com os gestos acompanhantes surgiu a *linguagem*: aqui a essência da coisa é expressa por meio da entonação, da força, do ritmo, enquanto a representação paralela, a imagem da essência, o fenômeno são expressos por meio dos gestos da boca.

Simbólica infinitamente falha, crescida a partir de firmes leis da natureza: na escolha do símbolo não se mostra nenhuma liberdade, mas o instinto.

Um símbolo *percebido* [*gemerktes*] é um conceito: concebe-se o que se designa e se pode diferenciar.

3[16]
Grito e contragrito: a força da harmonia.

Na canção cantada o homem natural adapta novamente os seus símbolos ao som pleno, enquanto ele fixa

---

* Os fragmentos póstumos traduzidos aqui são do período inverno de 1869-70 – primavera de 1870. Trata-se de notas pessoais de Nietzsche, não destinadas à publicação. Por isso constatamos neles uma certa despreocupação com a exposição, assim como a negligência de certas formalidades.

somente o símbolo dos fenômenos: a Vontade, a essência é apresentada novamente *mais plena* e *mais sensível*. Na elevação dos afetos a essência abre-se mais claramente, por isso destaca-se mais o símbolo, o som. O recitativo é de certa maneira uma volta à natureza, sempre a produção de uma excitação mais alta.

Agora porém um novo elemento: a sequência de palavras deve ser símbolo de um processo: a rítmica, a dinâmica, a harmonia são necessárias novamente na potência.

Progressivamente o círculo mais alto domina o menor, isto é, torna-se necessária uma escolha das palavras, uma posição das palavras. A *poesia* começa, completamente sob o domínio da música.

Dois gêneros principais: se imagens
                            ou sentimentos
devem ser expressos por ela?

A palavra cantada [*Sprechgesang*] não é aproximadamente uma sequência dos acentos das palavras: pois uma palavra tem uma sonoridade e tom completamente relativos: depende inteiramente do conteúdo: como a sonoridade se relaciona com a palavra, assim se relaciona a melodia com a sequência de palavras. Isto é, por meio da harmonia, dinâmica e rítmica surgiu um todo maior, ao qual a palavra está subordinada.

Lírica e epopeia: caminho para o sentimento e para a imagem.

3[18]

Hartmann[1]: p. 200.

"Somente na medida em que os sentimentos e pensamentos podem ser traduzidos, somente nessa medida

---

1. Trata-se de Eduard von Hartmann (1842-1906) filósofo alemão, que publicou a obra *Filosofia do inconsciente* em 1869. (N. T.)

eles são *participáveis*, se se abstrai da sempre altamente miserável linguagem instintiva dos gestos[2]: pois somente nessa medida os sentimentos e os pensamentos são traduzíveis, são passíveis de serem reproduzidos em palavras."

Realmente?

Gestos e som!

Prazer comunicado é arte.

O que significa a linguagem dos gestos: é a linguagem por meio de símbolos inteligíveis universalmente, formas de movimentos reflexos. O *olho* conclui imediatamente o estado que produz os gestos.

Assim é com os sons instintivos. O ouvido conclui imediatamente. Esses sons são símbolos.

3[19]

Sentimentos são anelos e representações de espécie inconsciente. A representação simboliza-se no gesto, o anelo no som. O anelo expressa-se no prazer ou desprazer, em suas diferentes formas. Essas formas são aquilo que o som simboliza.

Formas da dor (pavor repentino) percutir-puxar-estremecer-espetar-cortar-morder-coçar.

---

2. De início, quando Hartmann menciona a traduzibilidade dos pensamentos e sentimentos, refere-se à tradução em palavras, mas quando trata da linguagem dos gestos, trata dos gestos que se fazem para acompanhar a linguagem das palavras. É neste gesto que o olho pode ter uma compreensão simpática e portanto, pelo reflexo e identificação, ter um acesso mais imediato ao *páthos*, à Vontade, que a palavra não pode veicular. É a partir desta consideração de Hartmann sobre o gesticular que Nietzsche conclui o valor da simbólica do som, que dá um acesso muito mais imediato do *páthos* do que qualquer gesto. Vemos aqui, como Hartmann contribuiu, junto com o pensamento de Schopenhauer, para as concepções estéticas de Nietzsche e para a valorização da música como o meio estético mais apropriado para a manifestação da Vontade. (N. T.)

Prazer e desprazer e percepção sensível devem ser separados.

O prazer sempre *um*,
Formas intermitentes da Vontade – rítmica
Quantidade da Vontade – dinâmica
Essência – harmonia.

DUAS CONFERÊNCIAS PÚBLICAS
SOBRE A TRAGÉDIA GREGA

PRIMEIRA CONFERÊNCIA
O DRAMA MUSICAL GREGO

Na essência do nosso teatro de hoje não encontramos apenas lembranças e ressonâncias das *artes dramáticas da Grécia*: não, suas *formas fundamentais* enraízam-se no solo *helênico*, ou por crescimento *natural* ou em consequência de um empréstimo *artificial*. Somente os *nomes* se modificaram multiplamente e se deslocaram: de maneira semelhante a como a arte musical medieval ainda possuía realmente os modos gregos, também com os nomes gregos, com a diferença, por exemplo, de que isso que os gregos denominavam "lócrio", nos sons da igreja era designado como "dórico". Encontramos confusões semelhantes no domínio da terminologia dramática: o que o ateniense entendia como *"tragédia"* colocaremos quando muito sob o conceito de *"grande ópera"*: ao menos foi o que fez Voltaire em uma carta ao cardeal Quirini. Por outro lado, um heleno não reconheceria em nossa tragédia quase nada que correspondesse à sua tragédia; provavelmente ocorrer-lhe-ia que toda a estrutura e o caráter fundamental da tragédia de Shakespeare foram derivados de sua chamada *nova comédia*. E de fato foi a partir *dela* que se desdobraram, em descomunais espaços de tempo, o drama romano, a representação românico-germânica de peças sacras e de peças dotadas de uma moral específica [*das romanisch-germanische Mysterien- und Moralitätenspiel*], por fim a tragédia de Shakespeare: de maneira semelhante a como na forma externa da *cena* de Shakespeare não se pode desconhecer o parentesco *genealógico* com a nova comédia ática. Ora, enquanto aqui temos que reconhecer um desenvolvimento que avança naturalmente, continuado através de milênios, aquela tragédia verdadeira da Antiguidade, a obra de arte de Ésquilo e Sófocles, foi incutida arbitrariamente na arte moderna. O que hoje chamamos de *ópera*, a caricatura do drama musical antigo, surgiu por meio da imitação simiesca direta da Antiguidade: sem a força inconsciente de uma pulsão natural, configurada segundo uma teoria abstrata, ela se portou, tal como um homúnculo engendrado artificialmente, como o duende malvado do nosso moderno desenvolvimento musical. Aqueles florentinos distintos e formados pela erudição, que no começo do século XVII provocaram o surgimento da ópera, tinham a intenção claramente expressa de reproduzir *os* efeitos que a música tivera na Antiguidade segundo tantos eloquentes testemunhos. Notável! Já a primeira ideia em relação à ópera era marcada por uma busca de efeito[1]. Por meio de tais experimentos são cortadas, ou ao menos gravemente estropiadas, as raízes de uma arte inconsciente, brotada a partir da vida do povo. Assim, na França, o drama popular foi suplantado pela chamada tragédia clássica, portan-

---

1. Dos rascunhos de Nietzsche consta, neste trecho: "uma busca de efeito: todo o seu desenvolvimento significa, todavia, para a arte moderna uma recaída no paganismo." (N. T.)

to por um gênero surgido meramente por meio de caminhos eruditos que deveria conter sem nenhuma mistura a quintessência do trágico. Mesmo na Alemanha a raiz natural do drama, o jogo carnavalesco, foi desde a Reforma solapado; desde então mal foi novamente tentada a recriação de uma forma nacional. Ao contrário, essa foi pensada e composta [*gedichtet*] segundo modelos existentes em nações estrangeiras. Para o desenvolvimento das artes modernas a erudição, o saber consciente e a polimatia são o próprio empecilho: todo medrar e vir-a-ser no reino da arte precisa acontecer em noite profunda. A história da música ensina que a sã continuação do desenvolvimento da música grega nos primórdios da Idade Média foi de súbito o mais fortemente tolhida e estorvada quando se remontou ao antigo com erudição em teoria e práxis. O resultado foi um inacreditável estiolamento do gosto: nas constantes contradições entre a pretensa tradição e a audição natural chegou-se até a compor música não mais para o ouvido, mas para o olho. Os olhos deviam admirar a habilidade contrapontística do compositor: os olhos deviam reconhecer a capacidade de expressão da música. Como era de realizar isso? Coloriam-se as notas com a cor das coisas das quais se tratava no texto, ou seja, verde se eram mencionados plantas, campos, montes cobertos de vinha, púrpura se eram mencionados o sol e a luz. Isso era música literária, música para leitura. O que nos impressiona aqui como claro absurdo somente a poucos pôde aparecer imediatamente como tal, no domínio que quero discutir, provavelmente. Afirmo nomeadamente que o Ésquilo e o Sófocles que nos são conhecidos, o são somente como poetas de texto, como libretistas; isso quer dizer que eles nos são justamente desconhecidos. Enquanto no campo da música há muito ultrapassamos o jogo de sombras erudito de uma música para leitura[2], no domínio da poesia predomina tão exclusivamente a inaturalidade da poesia livresca que custa meditação dizer-nos em que medida havemos de ser injustos com relação a Píndaro, Ésquilo e Sófocles, porque não os conhecemos propriamente. Se os designamos como poetas, então estamos querendo dizer justamente poetas livrescos: com isso, porém, perdemos toda compreensão de sua essência, a qual se nos revela somente se alguma vez, numa hora plena de força e fantasia, levarmos a *ópera* para diante da alma de maneira tão idealizada que se abra para nós justamente a intuição do drama musical antigo. Pois por mais que todas as proporções na chamada grande ópera estejam deformadas, por muito que ela mesma seja um produto da distração, não da concentração, que seja a escrava das piores rimas e da música indigna: por muito que tudo aqui seja mentira e impudência, ainda assim não há outro meio de obter esclarecimentos sobre Sófocles senão procurando adivinhar, a partir dessa caricatura, a imagem original, abstraindo dela, numa hora entusiasmada, toda distorção e toda deformação. Essa imagem de fantasia precisa ser, então, cuidadosamente examinada e confrontada em cada uma de suas partes com a tradição da Antiguidade para que não super-helenizemos o helênico e não inventemos uma obra de arte que não tenha pátria em lugar algum do mundo. Esse perigo não é pequeno. Até há pouco tempo valia como axioma incondicional da arte que toda arte plástica ideal precisava ser incolor, que a escultura antiga não permitia o emprego da cor.

---

2. Dos rascunhos de Nietzsche consta, neste trecho: "talvez até mesmo com a ajuda daquela recaída no paganismo com a ajuda daquela essência da ópera." (N. T.)

Muito vagarosamente e sob a mais veemente resistência daqueles hiper-helenos, a concepção policromática da plástica antiga abriu caminho. Segundo essa concepção, a arte plástica antiga não precisa ser pensada como nua, mas como revestida de uma camada colorida. De maneira semelhante, goza de um universal apreço o princípio estético de que uma ligação de duas ou mais artes não pode produzir um aumento do gozo estético, mas é antes um desvio bárbaro do gosto. Esse princípio prova, quando muito, o mau hábito moderno de não podermos gozar como homens inteiros: estamos como que despedaçados pelas artes absolutas e só gozamos como pedaços, ora como homens-ouvidos, ora como homens-olhos etc. Consideremos, por outro lado, como o espirituoso Anselm Feuerbach[3] representa aquele drama antigo enquanto arte total. "Não é de admirar", diz ele, "que, por uma afinidade eletiva profundamente fundamentada, as artes isoladas se fundam finalmente de novo em um todo inseparável, em uma nova forma de arte. Os jogos olímpicos reuniram as tribos gregas separadas em uma unidade político-religiosa: o festival dramático equiparava-se a uma festa de reunificação das artes gregas. O modelo dessa festa era dado já naquelas festas dos templos, em que a aparição plástica do deus era celebrada diante de uma multidão devota com dança e canto. Como lá, a arquitetura também configura a moldura e a base por meio da qual a mais alta esfera poética fecha-se visivelmente à realidade. Vemos o pintor ocupado no cenário e toda a sedução de um variegado jogo de cores propagada na pompa do

---

3. FEUERBACH, Anselm (o antigo), *Der vatikanische Apollo* [O Apolo do Vaticano], Leipzig, 1833. Este livro foi tomado emprestado por Nietzsche da biblioteca da Universidade de Basileia em 26 de novembro de 1869. (N. T.)

costume. A arte poética se apoderou da alma do todo; mas não novamente como forma poética particular, não como o hino no serviço do templo, por exemplo. Aqueles relatos, tão essenciais ao drama grego, do *angelus* e do *exangelus*, ou das próprias personagens em ação, remetem-nos à epopeia. A poesia lírica tem lugar nas cenas apaixonadas e no coro, e deveras segundo todas as suas gradações, desde a imediata irrupção do sentimento em interjeições, desde a mais terna flor da canção até o hino e o ditirambo. Na recitação, no canto, na música de flauta e no passo cadenciado da dança ainda não se fechou completamente o anel. Pois, se a poesia configura o mais íntimo elemento fundamental do drama, então vai ao seu encontro, nessa sua nova forma, a arte plástica." Assim por diante escreve Feuerbach. É certo que, diante de uma tal obra de arte, precisaríamos primeiro aprender como se tem de gozar como homem inteiro: enquanto é de temer que, colocados diante de uma obra dessa espécie, a decompuséssemos em meros pedaços para usurpá-la. Acredito mesmo que se algum de nós fosse transportado repentinamente para um festival ateniense de representação teria primeiramente a impressão de um espetáculo inteiramente estranho e bárbaro. E isso por muitas razões. Sob o mais claro sol do dia, sem todos os secretos efeitos do anoitecer e da luz das lâmpadas, na mais rutilante realidade ele veria um descomunal espaço aberto repleto de gente: todos os olhares dirigidos para uma grege de homens mascarados se movendo maravilhosamente no fundo[4] e para alguns poucos bonecos sobre-humanamente grandes[5], que andam, para cima e para baixo, no mais lento

---

4. Trata-se do coro se movendo na orquestra. (N. T.)
5. Trata-se dos atores na cena. (N. T.)

compasso possível sobre um longo e estreito espaço de palco[6]. Pois de que outro modo podemos chamar, senão de bonecos, aqueles seres que, em pé sobre as altas andas dos coturnos, com monstruosas máscaras, fortemente pintadas e que ultrapassam em altura a cabeça, sobre o rosto, com o peito, corpo, braços e pernas estofados e cheios até o inatural, mal podem se mover oprimidos pelo peso de uma vestimenta que se arrasta em longa cauda e de um imponente adorno de sua cabeça[7]. Com tudo isso, esses personagens têm que falar e cantar em forte tom através das embocaduras amplamente abertas, para se fazerem entender por uma massa de espectadores de mais de 20.000 homens: verdadeiramente uma tarefa heroica digna de um combatente de Maratona[8]. Porém, ainda maior se torna a nossa admiração quando sabemos que cada um desses atores-cantores, numa tensão de 10 horas, tem de proferir em torno de 1.600 versos, entre os quais havia ao menos seis peças de canto maiores e menores. E isso diante de um público que punia inexoravelmente cada desmedida no tom, cada acento incorreto, em Atenas, onde, segundo expressão de Lessing, mesmo a populaça tinha um juízo delicado e fino. Que concentração e exercício das forças, que morosa preparação, que seriedade e entusiasmo na concepção da tarefa artística

---

6. Para todo este trecho ver a nossa introdução sobre o teatro. (N. T.)

7. Nos tempos de Nietzsche se considerava que a máscara na época clássica do teatro grego era feita de gesso ou madeira, encimada de uma peruca e acoplada a um capuz de feltro que servia para vesti-la, compondo assim um todo consideravelmente pesado. Mais tarde alguns estudiosos consideraram que este modelo de máscara era próprio da época helenística e não da época clássica. (N. T.)

8. Referência à batalha de Maratona, em 490 a.C. (N. T.)

nós temos que pressupor aqui, em resumo, que disposição ideal do ator! Aqui as tarefas eram postas para os mais nobres cidadãos, aqui nem um combatente de Maratona perdia a sua dignidade, mesmo em caso de fracasso, aqui o ator sentia, assim como representava em seu costume uma elevação sobre a imagem cotidiana do homem, também em si um impulso a se alçar, no qual as palavras patéticas e melancólicas de Ésquilo tinham de ser para ele uma língua natural.

Mas cheio de fervor, tanto quanto o ator, espreitava também o *auditor*: também sobre ele se estendia uma inabitual disposição de humor festiva anelada por muito tempo. Não era a fuga angustiada diante do tédio, a vontade de se ver livre de si e de sua miséria, a todo preço, por algumas horas, o que levava aqueles homens ao teatro. O grego refugiava-se da dispersiva vida pública, tão habitual para ele, da vida no mercado, na rua e no tribunal, na solenidade da ação do teatro que dispunha para a calma e que convidava ao recolhimento: não como o velho alemão, que queria distração quando vez por outra rompia o círculo da sua existência interior, e que encontrava a distração verdadeiramente prazerosa no debate judiciário, o qual por isso determinava forma e atmosfera também para o seu drama. A alma do ateniense, por outro lado, que vinha contemplar tragédia nas Grandes Dionisíacas[9], ainda tinha em si algo daquele elemento de que tinha nascido a tragédia. Trata-se da pulsão de primavera que irrompe de maneira avassaladora, um tempestuar e enfurecer-se num sentimento misto, tal como é conhe-

---

9. As Grandes Dionisíacas ou Dionisíacas Urbanas eram festas em homenagem a Dioniso celebradas em Atenas no mês de *Efabolion*, que corresponde ao período que vai da segunda metade de março até meados de abril. (N. T.)

cido de todos os povos ingênuos e de toda a natureza na aproximação da primavera. Como se sabe, nossos jogos de carnaval[10] e brincadeiras de máscara também foram originalmente tais festas de primavera. Essas festas só foram algo antecipadas por motivos eclesiásticos. Aqui tudo se mostra desde o mais profundo instinto: aqueles imensos cortejos dionisíacos na antiga Grécia têm sua analogia nos dançarinos de S. João e S. Guido da Idade Média, que em massas sempre maiores, sempre crescentes, iam de cidade em cidade dançando, cantando e pulando. Que a medicina de hoje fale daquele fenômeno como de uma epidemia popular da Idade Média: nós queremos apenas estabelecer que o drama antigo floresceu a partir de uma tal epidemia popular e que a infelicidade da arte moderna é de *não* ter emanado de tal fonte secreta. Não é por diabrura ou arbitrária euforia que, nos primeiros começos do drama, multidões movendo-se selvagemente, fantasiadas de sátiro e de sileno, com a cara suja de fuligem, de mínio e seivas de plantas, com grinaldas de flores sobre a cabeça, vagueavam por campos e bosques: o efeito todo-poderoso da primavera, que se anuncia tão repentinamente, intensifica aqui também as forças vitais até um tal excesso, que estados extáticos, visões e a crença no próprio encantamento surgem por todos os lados, e seres com o mesmo ânimo percorrem em turba o campo. E aqui está o berço do drama. Pois ele não começou com alguém que tivesse se disfarçado e quisesse enganar os outros: não, começou antes, quando o homem está fora de si e se crê transformado e encantado. No estado de "estar fora de si", do êxtase, somente um passo é ainda necessário: que

---

10. Nietzsche se refere aqui aos jogos rudemente cômicos que ocorriam no carnaval medieval. (N. T.)

não voltemos a nós mesmos novamente, mas entremos em um outro ser, de modo que nos portemos como encantados. Por isso, o profundo espanto diante do espetáculo do drama toca a última profundeza: vacila o solo, a crença na indissolubilidade e na fixidez do indivíduo. E como o exaltado dionisíaco crê em sua transformação, muito ao contrário do Bottom do *Sonho de uma noite de verão*, assim crê o poeta dramático na realidade de suas figuras. Quem não tem esta crença pode deveras pertencer aos portadores de tirso[11], aos diletantes, mas não aos verdadeiros servidores de Dioniso, aos bacantes[12].

No tempo de florescimento do drama ático, algo dessa vida natural dionisíaca também estava na alma dos auditores. Não se trata aqui de nenhum público de assinantes de todas as noites, preguiçoso e fatigado, que vem ao teatro com os sentidos exauridos e desgastados para ser levado à emoção. Ao contrário desse público, que é a camisa de força do nosso teatro [*Theaterwesens*] de hoje, o espectador ateniense tinha ainda os seus sentidos frescos e matutinos[13], festivamente animados, quando ele se assentava nos degraus do teatro. O simples ainda não era para ele demasiadamente simples. A sua erudição estética consistia nas lembranças de felizes dias de teatro passados, sua confiança no gênio dramático de seu povo era sem limites. O que é mais importante, porém: ele sorvia

---

11. Bastão portado por Dioniso e pelas Mênades do seu cortejo. (N. T.)

12. Cf. PLATÃO, *Fédon*, 69 c, quando Sócrates diz: "É que, veja você, segundo a fórmula dos que tratam das iniciações: 'numerosos são os portadores de tirso e raros os bacantes'"; cf. também *Orphicorum fragmenta* (Kern), fr. 5; 235. (N. T.)

13. Os concursos teatrais na Grécia começavam pela manhã. (N. T.)

a bebida da tragédia tão raramente que ela lhe sabia cada vez como se fosse a primeira. Nesse sentido quero mencionar as palavras do mais significativo arquiteto[14] vivo, ao dar sua aprovação aos afrescos de teto e às cúpulas pintadas. "Nada é mais vantajoso, diz ele, para a obra de arte do que estar afastada do vulgar contato imediato com o próximo e da linha habitual de visão do homem. O nervo ótico torna-se tão embotado com o hábito de ver comodamente que ele acaba por reconhecer o estímulo e as proporções das cores e das formas como se estivessem atrás de um véu"[15]. Será seguramente permitido reivindicar algo de análogo também para o gozo raro do drama. Os dramas e quadros que são contemplados com uma postura e sentimento inabituais são beneficiados por um tal afastamento; sem que, com isso, se queira recomendar o antigo costume romano de permanecer em pé no teatro.

Nós consideramos até agora somente o ator e o espectador. Pensemos, em terceiro lugar, também no poeta: e tomo aqui a palavra em seu sentido mais amplo, como os gregos a compreendiam. É certo que os trágicos gregos exerceram suas incomensuráveis influências sobre a arte moderna somente como libretistas: se isso é, contudo, verdadeiro, então tenho a plena convicção de que uma real e completa transposição ao presente de uma trilogia de Ésquilo, com atores, público e poetas áticos, exerce-

---

14. Gottfried Semper. (N. T.)
15. SEMPER, Gottfried. *Der Stil in den technischen und tektonisch Künsten, oder praktische Aesthetik. Ein Handbuch für Techniker, Künstler und Kunstfreunde. Erster Band: Die textile Kunst für sich betrachtet und in Beziehung zur Baukunst* [O estilo nas artes técnicas e tectônicas, ou estética prática. Um manual para técnicos, artistas e amigos da arte. Primeiro volume: A arte têxtil considerada por si e em relação à arquitetura], Frankfurt/ M 1860, 75. (N. T.)

ria sobre nós verdadeiramente um efeito devastador, porque ela nos revelaria o homem artístico em uma tal perfeição e harmonia que diante delas nossos grandes poetas apareceriam como estátuas que foram bem começadas mas não foram levadas a termo.

Na Antiguidade grega, a tarefa colocada ao dramaturgo era tão difícil quanto possível: uma liberdade, tal como a que é gozada por nossos poetas cênicos, na escolha da matéria, do número de atores e de incontáveis coisas, apareceria ao jurado artístico ático como indisciplina[16]. Toda a arte grega é atravessada pela ufana lei de que somente o mais difícil é tarefa para o homem livre. Assim, a autoridade e a glória de uma obra de arte plástica dependiam muito da dificuldade da elaboração, da dureza da matéria empregada. Entre as dificuldades particulares, em virtude das quais o caminho para a glorificação dramática nunca se tornou muito largo, podemos contar o limitado número de atores, o emprego do coro, o restrito círculo dos mitos, e, antes de tudo, aquela virtude de um atleta de pentatlo, a saber, a necessidade de ser dotado produtivamente como poeta e músico, na condução do coro [*Orchestik*][17] e na direção, e finalmente como ator[18]. A tábua de salvação de nossos poetas dramáticos é sempre a novidade e o caráter interessante da matéria que eles

---

16. No concurso de tragédias nas Grandes Dionisíacas havia um júri composto, segundo alguns estudiosos, por cinco cidadãos, ou, segundo outros, por dez cidadãos, um de cada tribo de Atenas. (N. T.)

17. O coro dançava e cantava, e nos primeiros tempos dos concursos de tragédias era o dramaturgo quem ensaiava com o coro a dança e o canto. (N. T.)

18. No tempo de glória de Ésquilo os poetas trágicos deviam compor as tragédias, representá-las no palco como personagem trágico, ensaiar o coro, compor a música e dirigir o todo da representação. (N. T.)

escolheram para o seu drama. Eles pensam como os improvisadores italianos, que narram uma história nova até seu ponto culminante e até o extremo incremento da tensão e, então, ficam convencidos de que ninguém mais se retirará antes do fim. O manter até o fim por meio do estímulo do interessante era algo inaudito nos artistas trágicos gregos: em sua forma épica e lírica, as matérias de suas obras-primas eram há muito, desde a infância, conhecidas e familiares aos auditores[19]. Era já um feito heroico despertar verdadeiro interesse por um Orestes e por um Édipo: mas como eram limitados, como tinham sido obstinadamente estreitados os meios que podiam ser empregados para estimular esse interesse! Aqui se considera, antes de tudo, o coro. Para o poeta antigo o coro era tão importante quanto as pessoas nobres que tinham assento em ambos os lados da cena e que transformavam de certa maneira o palco em uma antecâmara principesca eram importantes para o trágico francês[20]. Assim como o trágico francês não podia mudar as decorações em proveito desse estranho "coro", que participava e ao mesmo tempo não participava da representação, assim como linguagem e gestos sobre o palco se modelavam por ele: do mesmo modo o antigo coro reclamava publicidade para o conjunto da ação em cada drama, um local ao ar livre como lugar de ação da tragédia. Esta é uma exigência ousada: pois o ato trágico e a sua preparação costumam não ter lugar justamente na rua, mas medram da melhor manei-

---

19. A educação da criança grega era feita primeiramente com fábulas, e depois com poemas em que os mitos eram os temas mais frequentes. (N. T.)

20. No tempo de Racine e Corneille, os nobres, na França, se sentavam no palco para assistir às tragédias. (N. T.)

ra possível às ocultas. Tudo em público, tudo em plena luz, tudo em presença do coro – essa era a terrível exigência. Não que alguém tivesse, por uma sutileza estética qualquer, alguma vez expresso isso como exigência; esse nível foi alcançado em um longo processo de desenvolvimento do drama e foi mantido com o instinto de que havia aqui uma tarefa digna de ser resolvida pelo gênio hábil. É conhecido que originalmente a tragédia não era mais do que um grande canto de coro: esse conhecimento histórico dá de fato a chave para esse estranho problema. O efeito principal e de conjunto da tragédia repousava, na melhor época, sempre ainda no coro: ele era o fator com o qual sobretudo se tinha que contar, que não se podia deixar de lado. O nível em que se manteve o drama aproximadamente desde Ésquilo até Eurípides foi aquele em que o coro foi recuado a tal ponto que não lhe restou outra finalidade senão dar o colorido geral. Um único passo além e a cena dominou a orquestra, a colônia, a metrópole; a dialética dos personagens cênicos e seus cantos solos destacaram-se e subjugaram a até então vigente impressão musical-coral de conjunto. Esse passo foi dado, e seu contemporâneo Aristóteles fixou-o em sua definição célebre, bastante desconcertante, que não toca absolutamente a essência do drama de Ésquilo[21].

Portanto, o primeiro pensamento em meio ao projeto de um poema dramático tinha que ser: inventar um grupo de homens ou mulheres[22] com estreita ligação com os personagens atuantes. Depois tinham que ser procuradas oportunidades em que as disposições lírico-musi-

---

21. Referência provável ao capítulo 6 da *Poética*, em que Aristóteles define a tragédia. (N. T.)
22. Para compor o coro. (N. T.)

cais da massa pudessem irromper. O poeta via, de certa maneira, do coro para as personagens do palco; e tinha o público ateniense a seu lado: nós, que só temos o libreto, vemos do palco para o coro. O significado deste não pode se esgotar com uma metáfora[23]. Quando Schlegel designou o coro como o "espectador ideal"[24], isso queria dizer somente que o poeta indicava, na maneira como o coro apreendia os acontecimentos, ao mesmo tempo, segundo o seu desejo, como o espectador devia apreendê-los. Com isso, porém, só se destacou justamente um lado: antes de tudo é importante que aquele que representa o herói grite através do coro, como através de um megafone, seus sentimentos em uma colossal ampliação ao espectador. Ainda que seja uma pluralidade de pessoas, o coro não representa musicalmente uma massa, mas sim somente um descomunal indivíduo dotado de um pulmão sobrenatural. Não é aqui o lugar de indicar qual pensamento ético há na música de coro monódica dos gregos: essa música configura a mais forte oposição ao desenvolvimento da música cristã, na qual a harmonia, o símbolo próprio da maioria, dominou por muito tempo, de tal modo que a melodia foi completamente sufocada e precisou ser redescoberta. Foi o coro que prescreveu os limites da fantasia poética que se mostra na tragédia: a dança religiosa do coro, com o seu *andante* solene, circunscrevia o espírito inventivo de costume sobremaneira animado do poe-

---

23. A saber, a metáfora da música moderna composta para o libreto da ópera. (N. T.)
24. Cf. SCHLEGEL, A. W. *Vorlesungen über dramatische Kunst und Literatur*, Bde 5-6 der *Kritischen Schriften und Briefe*, herausgegeben von Edgar Lohner, Stuttgart 1966, 5, 64-66. [*Lições sobre arte dramática e literatura*, volumes 5-6 dos *Escritos Críticos e Cartas*, editados por Edgar Lohner, Stuttgart 1966, 5, 64-66]. (N. T.)

ta: enquanto a tragédia inglesa, sem uma tal limitação, com o seu realismo fantástico, se comporta de um modo mais impetuoso, mais dionisíaco, porém no fundo mais melancólico, aproximadamente como um *allegro* de Beethoven. O mais importante princípio na economia do drama antigo era propriamente o de que o coro devia ter diversas grandes oportunidades para manifestações patético-líricas. Mas isso é conseguido facilmente mesmo no mais curto trecho de saga: e por isso falta aí absolutamente todo embrulho, toda intriga, toda combinação fina e artificial, em resumo, tudo o que constitui justamente o caráter da tragédia moderna. No drama musical antigo não havia nada que se precisasse calcular: mesmo a astúcia de alguns heróis do mito tem nesse drama algo de simplicidade honrada em si. Nunca, nem mesmo em Eurípides, a essência do espetáculo se transformou na do jogo de xadrez: enquanto o modo de ser do jogo de xadrez se tornou, com certeza, o traço fundamental da assim chamada nova comédia. Por isso, os dramas individuais dos antigos assemelham-se, em sua estrutura simples, a um *único* ato das nossas tragédias e tanto mais ao quinto ato, que conduz à catástrofe em passos rápidos e curtos. A tragédia clássica francesa precisou – porque ela conhecia seu modelo, o drama musical grego, só como libreto, e caía em aporia ante a introdução do coro – acolher em si um elemento inteiramente novo, somente para completar os cinco atos prescritos por Horácio[25]: esse lastro, sem o qual aquela forma de arte não podia se aventurar no mar, era a intriga, isto é, um enigma proposto ao entendimento e uma arena das *pequenas* paixões, que no fundo não são trágicas: com o que seu caráter se aproximava significa-

---

25. *Ars poetica* 189 (*Arte poética*, 189). (N. T.)

tivamente daquele da nova comédia ática. A tragédia antiga era, comparada com ela, pobre em ação e em tensão: pode-se mesmo dizer que, em seus graus de desenvolvimento mais primordiais, o δρᾶμα[26] não tinha absolutamente em vista o agir, mas o sofrer, o πάθος[27]. A ação acrescentou-se somente quando surgiu o diálogo: e todo fazer verdadeiro e sério não era representado em cena aberta, mesmo no tempo da florescência do drama. Que outra coisa era a tragédia originalmente senão uma lírica objetiva, uma canção cantada a partir do estado de determinados seres mitológicos, e deveras com a indumentária destes. Primeiro um coro ditirâmbico de homens vestidos de sátiros e silenos tinha que dar a entender o que os tinha posto em tal excitação: ele chamava a atenção para um traço da história da luta e do sofrimento de Dioniso que os auditores entendiam rapidamente. Depois a

---

26. A palavra δρᾶμα (drama) vem do verbo grego δράω, que significa "agir, fazer". (N. T.)

27. "*Páthos*". Em "Introdução à história da tragédia grega", um curso que Nietzsche ministrou na Universidade de Basileia no verão de 1870, ele diz no parágrafo 4, intitulado "Estrutura do drama": "A unidade dramática, que parece uma criação teórica, não é nada mais do que uma consequência natural: tratava-se de tornar explicável grandes cenas patéticas, e, para se fazer isso, introduziu-se a menor proporção de ação possível que possa justamente explicá-las. Esta era a significação de original dos episódios que são apenas um acessório, um meio. A exigência da menor proporção de ação possível era da mais simples consequência: porque se queria compreender o πάθος, e não ver o δρᾶν (a 'ação', palavra de que se originou δρᾶμα – drama), observava-se o limite, visto que era necessário ver o δρᾶν para entender o πάθος, da menor proporção de δρᾶν. Assim, entre πάθος e δρᾶν nasceu uma ligação de tensão rigorosa como entre o efeito e a causa: o δρᾶν só interveio na medida em que ele explicava o πάθος. Ele tomou, pois, uma forma necessária. "Por este trecho se vê como Nietzsche deriva a ação, o drama, do *páthos* na tragédia, este veiculado sobretudo pela música. (N. T.)

divindade mesma era introduzida, com um duplo fim: por um lado, para contar pessoalmente as aventuras, nas quais ela estava enredada e através das quais seus seguidores têm o seu mais vivo interesse despertado. Por outro lado, Dioniso, durante aqueles apaixonados cantos de corais, é de certa maneira a imagem viva, a estátua viva do deus: e de fato o ator antigo tinha algo do pétreo conviva de Mozart[28]. Um musicólogo moderno[29] faz sobre isso a seguinte e correta observação. "No nosso ator caracterizado", diz ele, "vem-nos ao encontro um homem natural, ao encontro dos gregos vinha, em sua máscara trágica, um homem artificial, estilizado heroicamente, se se quer. Nossos palcos profundos, em que se agrupam amiúde em torno de cem pessoas, transformam as representações em *pinturas* policromadas, por mais vivas que possam ser. O estreito palco antigo, com o muro de fundo muito avançado, transformava as poucas figuras, que se moviam com comedimento, em baixos-relevos vivos ou em estátuas de mármore animadas de um frontão de templo[30]. Se um milagre tivesse infundido vida naquelas figuras de mármore da disputa entre Atena e Poseidon no frontão do Partenon, elas teriam provavelmente falado a língua de Sófocles."[31]

---

28. Alusão à penúltima cena do último quadro do *Don Giovanni* de Mozart, em que a estátua do comendador aparece como se estivesse viva, atendendo ao convite para a ceia que o herói desta ópera lhe tinha feito de troça. (N. T.)

29. A. W. Ambros. (N. T.)

30. A altura do palco, de cerca de 3 a 4 metros, colaborava ainda mais com esta impressão – ver a respeito nossa "Introdução" sobre o teatro grego. (N. T.)

31. AMBROS, A. W. *Geschichte der Musik*, Wien 1862, Bd. 1, 288. (*História da Música*, Viena, 1862, volume 1, 288). (N. T.)

Volto para o ponto de vista indicado antes, de que no drama grego o acento repousa no padecer, não no agir; agora será mais fácil conceber porque sou de opinião de que *somos necessariamente* injustos com relação a Ésquilo e Sófocles, de que não os *conhecemos* propriamente. Não temos nenhum critério para controlar o julgamento do público ático sobre a obra de um poeta, porque não sabemos, ou sabemos só em mínima parte, como o padecer, a vida sentimental em geral em suas eclosões, era levado à impressão comovente. Somos incompetentes diante de uma tragédia grega, porque o seu efeito capital repousava em boa parte em um elemento que foi perdido por nós, na música. Para a situação da música com relação ao drama antigo, vale perfeitamente o que Gluck[32] expressa como exigência no famoso prefácio a seu *Alceste*. A música deveria apoiar a poesia, deveria reforçar a expressão dos sentimentos e o interesse das situações, sem interromper a ação ou a perturbar com ornamentos inúteis. Ela deveria ser para a poesia o mesmo que a vivacidade das cores e uma feliz mistura de sombras e luz são para um desenho sem falhas e bem ordenado: essas não servem senão para animar as figuras sem destruir os contornos. Portanto, a música é empregada completamente só como meio para um fim: sua tarefa era a de converter o padecer do deus e do herói na mais forte compaixão dos auditores. Ora, a palavra tem também a mesma tarefa, mas para ela é muito mais difícil e apenas indiretamente possível resolvê-la. A palavra age

---

32. Christoph Willibald von Gluck (1714-84) era um compositor alemão, que viveu muito tempo em Paris sob a proteção de Maria Antonieta, e que era apreciado por Wagner. Gluck compôs a ópera *Alceste* em 1767. (N. T.)

primeiramente sobre o mundo dos conceitos e somente a partir daí sobre o sentimento; e de maneira bastante frequente ela não alcança absolutamente, pela distância do caminho, o seu alvo. A música, por outro lado, toca o coração imediatamente, como a verdadeira linguagem universal, inteligível por toda parte.

É claro que se encontram, ainda agora, opiniões propaladas sobre a música grega que a tomam como se ela tivesse sido tudo menos uma tal linguagem universalmente inteligível. Para essas opiniões, a música grega aponta muito mais para um mundo sonoro, completamente estranho para nós, inventado por vias eruditas e abstraído de doutrinas acústicas. Tem-se às vezes, por exemplo, ainda a superstição de que a terceira maior era sentida, na música grega, como uma dissonância. É preciso que nos libertemos completamente de tais ideias e que tenhamos sempre em vista que a música dos gregos está muito mais próxima do nosso sentimento do que a da Idade Média. O que nos foi conservado das antigas composições lembra inteiramente, por sua articulação rítmica bem marcada, nossas canções populares: e da canção popular medraram toda arte poética e toda música antiga. É verdade que há também a música instrumental pura: mas nela se fazia valer apenas o virtuosismo. O autêntico grego sentia nela sempre algo de estranho ao seu lar, algo importado do estrangeiro asiático. A música propriamente grega é por inteiro música vocal. Nela, a natural ligação entre a linguagem das palavras e a linguagem dos sons ainda não tinha sido rompida: e isso até o grau em que o poeta era necessariamente também o compositor de sua canção. Os gregos não aprendiam uma canção por nenhum meio que não pelo canto: eles também sentiam na audição, porém, a mais íntima unidade entre palavra e som. Nós que crescemos sob a influência do mau costume da arte moderna, sob o isolamento das artes, já não estamos em condições de fruir de texto e de música conjuntamente. Habituamo-nos justamente a fruir do texto separadamente, na leitura – razão pela qual não confiamos em nosso juízo quando vemos um poema ser recitado, um drama ser representado, e exigimos logo o livro –, e da música, na audição. Também achamos suportável o mais absurdo texto contanto que a música seja bela: algo que pareceria propriamente uma barbárie aos gregos.

Afora a irmandade, ainda agora enfatizada, entre poesia e arte sonora, é característico da música antiga ainda duas coisas: sua simplicidade e mesmo pobreza na harmonia, e sua riqueza em meios de expressão rítmicos[33]. Já mencionei que o canto coral só se diferenciava do canto solo pelo número de vozes e que somente aos instrumentos de acompanhamento era permitida uma polifonia muito limitada, portanto uma harmonia em nosso sentido. A primeira exigência de todas era que se *entendesse* o conteúdo da canção executada: e se uma canção de coro de Ésquilo ou Píndaro era realmente entendida, com as suas ousadas metáforas e seus saltos de pensamento: então isso supunha uma admirável arte da representação e ao mesmo tempo uma acentuação e uma rítmica musicais extremamente características. Junto à construção do período rítmico-musical, que se movia no mais estreito paralelismo com o texto, corria, por outro lado, como meio de expressão externo, o movimento da dança, a coreogra-

---

33. Esta passagem mostra uma divergência com relação a "A visão dionisíaca do mundo" e "O nascimento da tragédia", portanto uma evolução do pensamento de Nietzsche, visto que esses dois textos são posteriores e nitidamente mais amadurecidos. (N. T.)

fia [*Orchestik*][34]. Nas evoluções dos coreutas, que se desenhavam diante dos olhos dos espectadores como arabescos sobre a ampla superfície da orquestra[35], sentia-se a música tornada de certa maneira visível. Enquanto a música intensificava o efeito da poesia, a coreografia [*Orchestik*] esclarecia a música. Surgiu, por consequência, para o poeta e compositor ao mesmo tempo, ainda a tarefa de ser um produtivo coreógrafo.

Aqui é necessária ainda uma palavra sobre os limites da música no drama. Hoje não discutiremos o significado mais profundo desses limites como o calcanhar de Aquiles do drama musical antigo, na medida em que nesses limites é que começa seu processo de degeneração – pois eu tenciono tratar da decadência da tragédia antiga e com isso também do ponto em questão em minha próxima conferência[36]. Aqui é suficiente mencionar apenas o fato: nem tudo o que foi então poetizado podia ser cantado, e às vezes tinha de ser, como em nosso melodrama, falado[37] sob o acompanhamento da música instrumental. Mas devemos nos representar essa fala como um semirrecitativo, de modo que o tom retumbante que lhe era característico não trazia nenhum dualismo ao drama musical; pelo contrário, na fala também a influência dominante da música tinha se tornado poderosa. Nós te-

---

34. A palavra *Orchestik* deriva do grego ὀρχῶ(ὀρχάω), que significa dançar. Ὀρχήπτρα, da qual deriva a nossa "orquestra", era a parte do teatro onde o coro fazia as suas evoluções, dançando e cantando. (N. T.)

35. Ver a nossa última nota. (N. T.)

36. Referência a "Sócrates e a tragédia". (N. T.)

37. Nos rascunhos de Nietzsche constava a partir daqui: "[...], enquanto a música instrumental soava de maneira autônoma, ao modo do melodrama. Por meio desse contraste se objetivava um efeito muito apaixonado." (N. T.)

mos uma espécie de eco desse tom recitativo no chamado tom de lição com o qual, na Igreja Católica, os evangelhos, as epístolas e muitas preces eram recitados[38]. "O sacerdote leitor faz certas flexões de voz nas pontuações e no fim das frases. Por meio dessas flexões, a clareza da récita é assegurada e ao mesmo tempo a monotonia é evitada. Mas em importantes momentos do santo ato ergue-se a voz do clérigo, o *Pater noster*, o prefácio eucarístico e a bênção se tornam cantos declamatórios." Em geral, muito do ritual da missa lembra o drama musical grego, com a ressalva de que na Grécia tudo era muito mais claro, mais ensolarado, efetivamente mais belo, e, por isso, também era menos íntimo e sem aquela infinita simbólica enigmática da igreja cristã.

Com isso cheguei ao fim, ilustre assembleia. Comparei em primeiro lugar o criador do antigo drama musical ao atleta de pentatlo: uma outra imagem nos propiciará uma aproximação maior do significado desse atleta de pentatlo dramático-musical. Ésquilo tem um significado extraordinário para a história da indumentária antiga, porquanto ele introduziu o pregueado livre, a graciosidade, a pompa e o garbo da vestimenta principal, enquanto antes dele os gregos estavam na barbárie e não conheciam o pregueado livre. O drama musical grego foi, para toda a arte antiga, como esse pregueado livre: tudo o que não era livre, tudo o que era isolado nas artes individuais foi superado por ele: em sua festa sacrificial comum[39] são cantados hinos à beleza *e*, ao mesmo tempo, à ousadia. Sujei-

---

38. Nos rascunhos de Nietzsche, neste trecho, antes da citação, havia: "Um historiador da música diz, p. 290." Cf. AMBROS, A . W., op. cit., 1, 290. (N. T.)

39. Comum a todas as artes. (N. T.)

ção e, todavia, garbo, multiplicidade e, todavia, unidade, muitas artes na mais alta atividade e todavia *uma* obra de arte – isso é o drama musical antigo. Quem à sua vista lembrar do ideal do atual reformador da arte[40] terá de dizer ao mesmo tempo que aquela obra de arte do futuro não é absolutamente uma miragem brilhante mas enganadora: o que esperamos do futuro já foi uma vez realidade – em um passado de mais de dois mil anos.

---

40. Trata-se de Richard Wagner. (N. T.)

SEGUNDA CONFERÊNCIA
SÓCRATES E A TRAGÉDIA

A tragédia grega sucumbiu de uma maneira diferente de todos os outros gêneros artísticos, seus irmãos mais velhos: ela finou-se tragicamente, enquanto todas essas expiraram com a morte mais bela. Se é consonante com um estado ideal da natureza exalar o último suspiro de vida sem convulsão e com uma bela descendência, então o fim daqueles gêneros artísticos mais antigos mostra-nos um tal mundo ideal: elas falecem e submergem enquanto sua progenitura, mais bela, já ergue a cabeça vigorosamente. Com a morte do drama musical grego, ao contrário, surge um imenso vazio, sentido profundamente por toda parte; dizia-se que a poesia mesma tinha se perdido, e enviava-se em meio a troças os epígonos estiolados e abatidos ao Hades para lá se alimentarem das migalhas dos mestres de outrora[1]. Como se exprime

---

1. Alusão à comédia *As rãs* de Aristófanes, em que Dioniso vai ao Hades para consultar as almas de Ésquilo, Sófocles e Eurípides sobre o modelo de tragédia que deveria se impor nos novos tempos – em vista do que tem lugar, no próprio Hades, um concurso poético, entre Ésquilo e Eurípides. (N. T.)

Aristófanes, sentia-se uma nostalgia tão íntima e calorosa do último dos grandes mortos como quando alguém é acometido por um apetite forte e repentino por chucrute[2]. Quando, porém, floresceu realmente um novo gênero artístico que venerava a tragédia como sua antecessora e mestra, teve-se que perceber com horror que aquele novo gênero com certeza trazia os traços de sua mãe, mas os mesmos traços que esta mostrara em sua longa agonia. Essa agonia da tragédia chama-se Eurípides, o gênero artístico mais tardio é conhecido como nova comédia ática. Nela continuava a viver a figura degenerada da tragédia como o monumento ao seu trespasse muito penoso e difícil.

É conhecida a extraordinária veneração de que Eurípides gozava entre os poetas da nova comédia ática. Um dos mais renomados desses poetas, Filémon, declarou que se deixaria enforcar imediatamente para ver Eurípides no mundo dos mortos: contanto que estivesse persuadido de que o morto ainda tivesse vida e entendimento. Todavia, o que Eurípides tem em comum com Menandro e Filémon e o que exercia sobre estes um efeito tão exemplar deixa-se condensar da maneira mais breve possível na fórmula de que eles tinham trazido o espectador para o palco. Antes de Eurípides havia homens estilizados heroicamente dos quais imediatamente se reconhecia a descendência dos deuses e semideuses da tragédia mais antiga. O espectador via neles um passado ideal da helenidade, e, com isso, a realidade de tudo aquilo que em altaneiros momentos também vivia em sua alma. Com

---

2. Alusão aos versos 52-72 de *As rãs* de Aristófanes, quando Dioniso explica a Héracles que de repente sentiu uma vontade de ver Eurípedes, assim como se sente uma vontade súbita de tomar papa de legumes. (N. T.)

Eurípides, o espectador, o homem na realidade da vida cotidiana, invadiu o palco. O espelho, que outrora tinha refletido somente os traços grandes e ousados, tornava-se mais fiel e com isso mais vulgar. O traje de gala tornava-se de certa maneira mais transparente, a máscara tornava-se meia-máscara: as formas da cotidianidade punham-se claramente em evidência. Aquela autêntica imagem típica do heleno, a figura de Odisseu, foi elevada por Ésquilo ao caráter grandioso, astuto e nobre de Prometeu: entre as mãos dos novos poetas, essa figura rebaixou-se ao papel do escravo doméstico manhoso e bonachão, tal como ele aparece, tão frequentemente, no centro de todo o drama, como intrigante atrevido. O que Eurípides atribui-se como mérito em *As rãs* de Aristófanes – o ter esgotado a arte trágica por meio de um tratamento hidroterápico e o ter reduzido seu peso[3] – vale sobretudo para as figuras heroicas: no essencial o espectador via e ouvia, sobre o palco euripidiano, seu próprio sósia envolvido evidentemente no traje pomposo da retórica. A idealidade retirou-se para a palavra e fugiu do pensamento. Mas aqui, justamente, tocamos o lado brilhante, e que salta aos olhos, da inovação de Eurípides: o povo aprendeu a falar com ele; ele mesmo se vangloria disso na disputa com Ésquilo[4]: graças a ele o povo é capaz, agora[5],

> de seguir segundo as regras da arte,
> de medir com compasso linha por linha,
> de observar, pensar, ver, entender, de proceder
>   [com astúcia,

---

3. Cf. ARISTÓFANES, *As rãs*, versos 940-943. (N. T.)
4. Em *As rãs* de Aristófanes. (N. T.)
5. Cf. ARISTÓFANES, *As rãs*, versos 956-958. (N. T.)

de amar, andar à furtiva,
de desconfiar, negar, considerar a esmo...[6]

Por ele foi desencadeada a língua da nova comédia. Até Eurípides não se sabia como podia deixar a cotidianidade falar decentemente por sobre o palco. A classe média burguesa, sobre a qual Eurípides edificava todas as suas esperanças políticas, tomou agora a palavra, enquanto na tragédia, o semideus, na antiga comédia, o sátiro ébrio ou o semideus, tinham sido, até aqui, os mestres da língua.

Eu apresentava casa e quintal, onde vivemos e tecemos
E abandonava-me assim ao juízo, pois todos,
                [nisso entendidos,
Podiam julgar minha arte[7]

Sim, tal se vangloriava ele[8],

Eu, sozinho, naqueles lá à volta[9]
inoculei uma tal sabedoria, enquanto pensamentos
                [e conceito
emprestei à arte: de modo que aqui
agora todo mundo filosofa e da casa, do quintal, do
                [campo e do gado
cuida tão bem como nunca dantes:
sempre investiga e medita
Por quê? Para quê? Quem? Onde? Como? O quê?
Para onde foi isto, quem me tomou aquilo?

---

6. Cf. ARISTÓFANES, *As rãs*, versos 954-958. Nós procuramos, nesta e nas outras citações de versos, conservar o sentido da tradução de Nietzsche. (N. T.)

7. Cf. ARISTÓFANES, *As rãs*, versos 959-961. (N. T.)

8. Cf. ARISTÓFANES, *As rãs*, versos 971-979. (N. T.)

9. Designando os espectadores. (N. T.)

De uma massa assim preparada e esclarecida nasceu a nova comédia, aquele jogo de xadrez dramático com o seu rutilante alegrar-se com[10] marotagens. De certa maneira, Eurípides tornou-se o mestre do coro para essa nova comédia: com a ressalva somente de que dessa vez era o coro dos *auditores* que tinha de ser exercitado. Tão logo estes puderam cantar euripidicamente, começou o drama dos jovens senhores endividados, dos idosos levianos e bonachões, das hetairas à maneira de Kotzebue[11], dos escravos domésticos prometeicos. Porém, como mestre de coro, Eurípides era louvado continuamente; e havia mesmo quem se teria matado para aprender ainda mais com ele, se não se soubesse que os poetas trágicos estavam já tão mortos quanto a própria tragédia. Com ela, o heleno abandonou a crença em sua imortalidade, não somente a crença em um passado ideal, mas também a crença em um futuro ideal. O dito do conhecido epitáfio "leviano e cheio de caprichos quando velho" é válido também para a helenidade anciã. O momento e a anedota são as suas divindades mais altas; o quinto estado, o dos escravos, chega então ao domínio, pelo menos na mentalidade[12].

Em uma tal consideração retrospectiva se é tentado facilmente a exprimir injustas mas calorosas inculpações contra Eurípides, o pretenso sedutor do povo e a concluir aproximadamente com as palavras de Ésquilo: "Que mal *não* provém dele?". Com todas as más influências que se

---

10. A partir daqui, consta, no rascunho de Nietzsche: "(com) a intriga, com o seu ódio contra as limitações do tempo do seu pai".

11. August von Kotzebue, escritor alemão, que viveu entre 1761-1819 escreveu dramas e comédias de intriga. (N. T.)

12. Até aqui o texto de "Sócrates e a tragédia" concorda com o começo do capítulo 11 de *O nascimento da tragédia*. (N. T.)

pode atribuir a ele, deve-se sempre ter por certo o seguinte: Eurípides agia com plena ciência e consciência e sacrificou sua vida inteira de maneira grandiosa a um ideal. Na maneira como lutava contra um mal imenso que acreditava reconhecer, na maneira como, enquanto indivíduo isolado, se opunha a esse mesmo suposto mal com todo o peso de seu talento e de sua vida, revela-se mais uma vez o espírito de heroico do tempo antigo da Maratona. Pode-se mesmo dizer que, depois de ser exilado por Eurípides, da tragédia, o poeta se tornou semideus. Porém, aquele mal imenso que ele acreditava reconhecer, contra o qual lutava tão heroicamente, era a decadência do drama musical[13]. Onde, todavia, Eurípides descobriu a decadência do drama musical? Na tragédia de Ésquilo e de Sófocles, de seus contemporâneos mais velhos. Isso é muito estranho. Não teria ele se enganado? Não teria ele sido injusto com relação a Ésquilo e Sófocles? Não foi, por acaso, justamente sua reação contra a suposta decadência o começo do fim? Todas essas questões ressoam em nós nesse momento.

Eurípedes era um pensador solitário, de modo algum do gosto da massa então dominante, na qual ele suscita-

---

13. Intercalado nesta altura, consta do rascunho de Nietzsche: "É a mais injusta incompreensão considerar ele mesmo como raiz e causa dessa decadência: ele é antes o primeiro que reconhece essa decadência e que procura lutar sob o protesto dos ditos cultos de seu tempo. Pois quem está inclinado a ver nele o bajulador das paixões populares, o sedutor cioso de glória, não pode esquecer o simples fato de que Eurípides só raramente foi vencedor [nos concursos de tragédia] e de que ele teve a multidão contra si até a sua morte. O homem que viveu solitário e retirado não procurava obter nada para si: e se ele, apesar disso, se tornou o arauto do poder da plebe, seria um grande mal-entendido achar nisso o resultado de uma especulação egoísta." (N. T.)

va cautela como singular rabugento. A sorte não lhe era propícia, tampouco quanto a massa: e visto que para um poeta trágico daquele tempo a massa justamente fazia a sorte, compreende-se bem por que ele, durante o tempo de sua vida, conquistou tão escassamente a honra de uma vitória[14] com suas tragédias. O que tanto impulsionou o dotado poeta contra a corrente geral? O que o desviou de um caminho que fora percorrido por homens como Ésquilo e Sófocles, e sobre o qual brilhava o sol do favor popular? Uma única coisa: justamente aquela crença na decadência do drama musical. Essa crença, porém, ele adquiriu nos bancos dos espectadores do teatro. Ele observou durante muito tempo, da maneira mais penetrante, que abismo se abria entre uma tragédia e o público ateniense. Aquilo, que para o poeta o mais alto e o mais difícil, não era sentido pelo espectador absolutamente como tal, mas como algo indiferente. Muitas casualidades, que absolutamente não acentuadas pelo poeta, atingiam a massa com súbito efeito. Em meio à reflexão sobre essa incongruência entre a intenção poética e o seu efeito, ele chegou pouco a pouco a uma forma de arte, cuja lei principal era "tudo precisa ser compreensível para que possa ser entendido". Agora cada parte seria levada diante do tribunal dessa estética racionalista: o mito antes de todas, os personagens principais, a estrutura dramática, a música coral, por último, e, mais decididamente, a linguagem. O que temos de sentir tão frequentemente em Eurípides como uma falta e um retrocesso poéticos,

---

14. Eurípides conseguiu a vitória nos concursos de tragédia apenas cinco vezes durante a sua vida, enquanto Sófocles tinha conseguido dezoito vitórias e Ésquilo, treze, durante as suas respectivas vidas – isto é, sem contar as vitórias póstumas, tanto destes últimos quanto de Eurípides. (N. T.)

em comparação com a tragédia de Sófocles, é o resultado daquele processo crítico enérgico, daquela temerária compreensibilidade. Poder-se-ia dizer que aqui se apresentava um exemplo de como o crítico se tornava poeta. Com a ressalva de que não convém se deixar orientar em relação à palavra "crítico" pela impressão daqueles seres débeis e indiscretos, que não deixam mais de modo algum o nosso público de hoje tomar a palavra em matéria de arte. Eurípides procurava fazer melhor do que os poetas criticados por ele: e quem não pode fazer com que as palavras sejam seguidas por atos, como ele, tem menos direito de se deixar ouvir publicamente como crítico. Quero ou posso aqui citar só um exemplo daquela crítica produtiva, ainda que fosse propriamente necessário indicar aquele ponto de vista em todas as diferenças do drama de Eurípides. Nada pode ser mais contrário à nossa técnica cênica do que o *prólogo* em Eurípides. Que uma personagem, entrando em cena isoladamente, seja ela divindade ou herói, conte, no começo da peça, quem ela é, o que antecede a ação, o que aconteceu até então, e mesmo o que vai acontecer no decorrer da peça, isso seria designado decididamente por um poeta de teatro moderno como leviana renúncia ao efeito da tensão. Se já se sabe tudo o que aconteceu e o que acontecerá, quem vai esperar o fim? Eurípides refletia de maneira totalmente diferente. O efeito da tragédia antiga nunca repousou na tensão, na estimulante incerteza sobre o que acontecerá no próximo momento. Ao contrário, ela sempre repousou naquelas grandes cenas carregadas de *páthos* e amplamente estruturadas, nas quais o caráter musical fundamental do ditirambo dionisíaco ressoava novamente. O que, todavia, dificulta o mais fortemente o gozo dessas cenas é um elo que falta, uma lacuna no tecido da história preliminar. Enquanto o auditor ainda precisa calcular que sentido têm esta e aquela personagem, esta e aquela ação, é impossível sua completa imersão no sofrimento e nos atos dos heróis principais, é impossível a compaixão trágica. Na tragédia de Ésquilo e Sófocles tudo era erigido em geral com muita arte para que nas primeiras cenas fossem dadas ao espectador, como que por acaso, todas as pistas necessárias à compreensão; também nesse traço mostrava-se aquela nobre maestria artística, que por assim dizer mascara o necessário, o formal. Em contrapartida, Eurípides acreditava notar que, durante aquelas primeiras cenas, o espectador tinha uma inquietude peculiar ao calcular as consequências da história preliminar e que, assim, para ele ficavam perdidas as belezas poéticas da exposição. Por isso ele escreveu um prólogo como programa e fê-lo ser declamado por uma personagem de confiança, por uma divindade. Agora ele podia conformar o mito mais livremente, pois, por meio do prólogo, podia sustar toda dúvida sobre a *sua* conformação do mito. No pleno sentimento dessa sua vantagem dramatúrgica, Eurípides censura Ésquilo em *As rãs* de Aristófanes[15]:

> Assim tratarei imediatamente dos teus prólogos
> para, desta maneira, a primeira parte da tragédia
> – deste grande espírito! – criticar em primeiro lugar.
> Ele é confuso quando trata dos fatos.

Mas o que vale para o prólogo vale também para o famigerado *deus ex machina*: ele esboça o programa do futuro, como o prólogo o do passado. Entre essa prospectiva e essa retrospectiva épicas se situam a realidade e o presente lírico-dramáticos.

---

15. Cf. ARISTÓFANES, *As rãs*, versos 1119-1122. (N. T.)

Eurípides é o primeiro dramaturgo que segue uma estética consciente. Ele procura intencionalmente o que há de mais compreensível; seus heróis *são* realmente como eles falam. Mas também eles se expressam inteiramente, enquanto os personagens de Ésquilo e de Sófocles são muito mais profundos e plenos do que suas palavras: propriamente, eles só balbuciam sobre si. Eurípides cria as figuras enquanto, ao mesmo tempo, as disseca: diante de sua anatomia não existe nada mais oculto nelas. Se Sófocles disse de Ésquilo que ele faz o correto mas inconscientemente, então Eurípides terá tido dele a opinião de que ele faz o incorreto *porque* faz inconscientemente. O que Sófocles *sabia* mais em comparação com Ésquilo, e do que se orgulhava, não era nada que estivesse situado fora do domínio do manejo *técnico*; nenhum poeta da Antiguidade até Eurípides estivera em estado de defender verdadeiramente sua vantagem com motivos estéticos. Pois o maravilhoso de todo aquele desenvolvimento da arte grega é justamente o fato de que o conceito, a consciência, a teoria então não tinham ainda tomado a palavra e tudo o que o jovem podia aprender do mestre relacionava-se à técnica. E é isso também que dá, por exemplo, a Thorwaldsen aquela aparência antiga[16]: o fato de que ele refletia pouco, falava e escrevia mal e de que a própria sabedoria artística não lhe tinha chegado à consciência.

Em torno de Eurípides, por outro lado, há um brilho quebrado característico dos artistas modernos: seu caráter artístico quase não grego é resumido o mais brevemente

---

16. Bertel Thorwaldsen (1770-1844) foi um escultor e restaurador dinamarquês que se fixou em Roma e foi um dos mestres do neoclassicismo. (N. T.)

possível sob o conceito do *socratismo*. "Tudo precisa ser consciente para ser belo" é o princípio paralelo de Eurípides para o socrático "tudo precisa ser consciente para ser bom". Eurípides é o poeta do racionalismo socrático.

Tinha-se, na Antiguidade grega, um sentimento da afinidade entre os dois nomes, Sócrates e Eurípides[17]. Era muito difundida em Atenas a opinião de que Sócrates ajudava Eurípides em seu poetar: do que se pode deduzir com que acuidade auditiva se conseguia perceber o socratismo na tragédia de Eurípides. Os adeptos do "velho bom" tempo costumavam mencionar os nomes de Sócrates e de Eurípides, como corruptores do povo, de um só fôlego[18]. Também nos foi legado pela tradição que Sócrates se abstinha de frequentar a tragédia, e só comparecia entre os espectadores quando era representada uma nova peça de Eurípides. Em um sentido mais profundo, os dois nomes apareciam avizinhados na famosa sentença do oráculo de Delfos, a qual teve efeito tão determinante em toda a concepção de vida de Sócrates[19]. A palavra do deus défico, afirmando que Sócrates era o mais sábio entre os homens, continha ao mesmo tempo o juízo de que cabia a Eurípides o segundo prêmio na disputa pela sabedoria[20].

---

17. Cf. DIÓGENES, Laércio, *Vida, doutrinas e sentenças dos filósofos ilustres*. Nas primeiras linhas do capítulo dedicado a Sócrates há a indicação de que Sócrates ajudava Eurípides a compor. (N. T.)

18. Nessa altura está intercalada, no rascunho de Nietzsche, a seguinte passagem: "Nesse contexto deve-se nomear pela primeira vez o nome de Sócrates. Pode ser mero falatório, mas é mencionado diversas vezes entre os cômicos que ele ajudava Eurípides a compor: disso nós podemos concluir como se pensava em Atenas sobre ambos." (N. T.)

19. Cf. PLATÃO, *Apologia de Sócrates*, a partir de 20 d. (N. T.)

20. No rascunho de Nietzsche consta, logo depois de "na disputa pela sabedoria": "– Sófocles é sábio, Eurípides mais sábio ainda, mas o

É sabido como Sócrates primeiro ficou desconfiado com relação à sentença do deus. Então, para ver se ele tinha razão, dirigiu-se aos homens de Estado, aos oradores, aos poetas e aos artistas para verificar se não encontrava alguém que fosse mais sábio do que ele. Por toda parte encontrou a palavra do deus justificada: ele viu os homens mais célebres do seu tempo envolvidos em uma ilusão sobre *si mesmos* e achou que eles não tinham a justa consciência nem mesmo sobre as próprias atividades, mas que as exerciam só por instinto. "Só por instinto", esse era o bordão do socratismo. Nunca o racionalismo se mostrou de maneira mais inocente do que naquela tendência da vida de Sócrates. Nunca lhe veio uma dúvida sobre a correção de todo o [seu] questionamento[21]. "Sabedoria consiste em saber"; e "não se sabe nada que não se possa exprimir e com que não se possa convencer os outros". Esse é aproximadamente o princípio daquela estranha atividade missionária de Sócrates, a qual deveria acumular em torno dele uma nuvem da mais negra malquerença, justamente porque ninguém estava em condições de atacar o princípio mesmo contra Sócrates, pois seria necessário para isso ter o que não se possuía absolutamente: aquela superioridade socrática na arte da conversação, na dialética. A partir da consciência germânica infinitamente aprofundada, esse socratismo aparece como um mundo inteiramente invertido; mas é de supor que já aos poetas e artistas daquele tempo Sócrates devia parecer ao menos muito aborrecido e ridículo, especialmente quan-

---

mais sábio de todos é Sócrates." Essa frase, que Nietzsche acrescenta no final deste parágrafo, teria sido, segundo a tradição, o oráculo pronunciado pelo deus em Delfos. (N. T.)

21. Colocamos entre colchetes uma palavra que, a nosso ver, esclarece o sentido desta passagem. (N. T.)

do ele fazia valer em sua erística improdutiva a seriedade e a dignidade de uma vocação divina. Os fanáticos da lógica são insuportáveis como as vespas. E se se imaginar uma monstruosa vontade atrás de um entendimento tão unilateral ou a mais pessoal arquipotência de um caráter inquebrantável em meio à feiúra exterior fantasticamente atraente: compreender-se-á como mesmo um talento tão grande como Eurípides, justamente na seriedade e profundidade de seu pensamento, teria que ser arrastado tanto mais inevitavelmente na íngreme trajetória de uma criação artística *consciente*. A decadência da tragédia, como Eurípides acreditava enxergá-la, era uma fantasmagoria socrática: porque ninguém sabia transformar suficientemente a sabedoria da antiga técnica artística em conceitos e palavras, Sócrates negava essa sabedoria, e, com ele, o seduzido Eurípides. Àquela "sabedoria" não comprovada Eurípides opôs então a obra de arte socrática, certamente ainda sob o envoltório de numerosas acomodações com a obra de arte dominante. Uma geração posterior reconheceu corretamente o que era envoltório e o que era núcleo: ela lançou fora o primeiro e então desabrochou, como fruto do socratismo artístico, o jogo de xadrez em espetáculo, a peça de intrigas.

O socratismo despreza o instinto e, com isso, a arte. Ele nega a sabedoria justamente onde ela está em seu reinado mais próprio. Em um único caso Sócrates mesmo reconheceu o poder da sabedoria instintiva, e isso justamente de uma maneira muito característica. Sócrates ganhava, em situações particulares, nas quais seu entendimento se tornava duvidoso, um ponto de apoio firme por meio de uma voz demoníaca que se exprimia miraculosamente. Essa voz sempre *dissuade*, quando ela vem. A sabedoria inconsciente elevava sempre sua voz, nesse homem inteiramente anormal, para ir contra o consciente, *obstando-o*. Também aqui se revela como Sócrates realmente pertencia a um mundo invertido, colocado de cabeça para baixo. Em todas as naturezas produtivas justamente o inconsciente atua criativa e afirmativamente, enquanto a consciência se comporta crítica e dissuasivamente. Nele o instinto se torna crítico, a consciência criativa.

O desprezo socrático pelo instintivo levou, além de Eurípides, ainda um segundo gênio a uma reforma da arte, e deveras a uma reforma ainda mais radical. Também o divino Platão foi vítima do socratismo nesse ponto: ele, que, em toda arte até então, só via a imitação de imagens aparentes, contava também "a sublime e enaltecida" tragédia – como ele se exprimia – entre as artes aduladoras, que costumam apresentar somente o agradável, adulando a natureza sensível, e não o desagradável mas, ao mesmo tempo, proveitoso[22]. Com isso ele pôs, intencionalmente, a arte trágica junto com cosmética e a culinária. À mente refletida repugna uma arte tão múltipla e variegada, para a mente vulnerável e sensível ao estímulo ela é um perigoso estopim: razão suficiente para banir os poetas trágicos do estado ideal. Em geral os artistas pertencem, segundo ele, às extensões supérfluas do estado, junto com as amas, com as toucadoras, os barbeiros e os pasteleiros. A condenação intencionalmente grosseira e desconsiderada da arte tem, em Platão, algo de patológico: ele, que se alçou até esse parecer somente por ira contra a própria carne, que espezinhou sua natureza profundamente artística em favor do socratismo, revela, na aspereza desses juízos, que a profunda ferida de seu ser ainda não tinha cicatrizado. A verdadeira capacidade criadora do poeta é

---

22. Cf. PLATÃO, *Górgias*, 502 b-c. (N. T.)

tratada por Platão, sobretudo por ela não ser uma penetração consciente na essência das coisas, ironicamente e prezada como se fosse o mesmo que o talento do adivinho e do intérprete de presságios[23]. O poeta não seria capaz de compor antes de ser inspirado e ter se tornado inconsciente, de maneira que nenhum entendimento mais habite nele. A esses artistas irracionais "racionais" Platão opõe a imagem do verdadeiro artista, do artista filosófico, e dá a entender sem dubiedade que ele mesmo é o único que alcançou esse ideal e que seus diálogos podem ser lidos no Estado perfeito. A essência da obra de arte platônica, do diálogo, é todavia a ausência de forma e de estilo produzida por meio da mistura de todas as formas e estilos existentes. Sobretudo não se devia reprovar, na nova obra de arte, o que era, na concepção de Platão, o defeito fundamental da antiga: ela não devia ser a imitação de uma imagem aparente, isto é, segundo o conceito habitual: no diálogo platônico não deveria haver nada da realidade natural que fosse imitado. Assim ele paira entre todos o gêneros de arte, entre prosa e poesia, narração, lírica e drama, pois rompeu a rigorosa lei mais antiga da forma unitária estilístico-linguística. O socratismo chega a uma deformação ainda maior nos escritores cínicos: eles procuraram, no estilo mais variegado, no vacilante vaivém entre forma prosaica e métrica, como que refletir o silênico ser externo de Sócrates, com os seus olhos de caranguejo, seus lábios grossos e seu ventre caído.

Quem não daria razão a Aristófanes com respeito aos efeitos bastante profundos e inartísticos do socratismo – que aqui foram só aludidos – quando ele faz cantar o coro[24]:

---

23. Cf. PLATÃO, *Íon*, em torno de 534 d. (N. T.)
24. Cf. ARISTÓFANES, *As rãs*, versos 1491-1499. (N. T.)

> Salve, quem junto a Sócrates
> *não* gosta de se sentar e conversar,
> quem não maldiz a arte das musas
> e o mais sublime da tragédia
> não menospreza com desdém!
> Vã tolice é, porém,
> em oca fala pavoneada
> e em abstratas sutilezas
> empregar ocioso zelo!

O mais profundo, todavia, que poderia ser dito contra Sócrates, disse-lhe uma imagem de sonho. Muitas vezes veio a Sócrates, como ele conta na prisão aos seus amigos, um e mesmo sonho que dizia sempre a mesma coisa: "Sócrates, faça música!". Sócrates tinha se apaziguado até os seus últimos dias com a opinião de que a sua filosofia fosse a música mais alta. Finalmente, na prisão, ele consente, para aliviar completamente a sua consciência, em fazer também aquela música "vulgar". Ele realmente transpôs para versos algumas fábulas em prosa, que lhe eram conhecidas, mas eu não acredito que ele tenha se reconciliado com as musas com esses exercícios métricos[25].

Em Sócrates se encarnou, sem mistura de nada estranho, *uma* faceta do heleno, aquela *clareza apolínea*[26]. Tal como um raio de luz puro e transparente, ele aparece como mensageiro pressagiador e arauto da ciência, que devia vir à luz também na Grécia. No entanto, a ciência e a arte

---

25. Cf. PLATÃO, *Fédon*, 60 d até 61 c. (N. T.)
26. Esta é a primeira alusão de Nietzsche ao apolinismo, aqui ainda sem caracterizá-lo como uma potência artística essencial da época mais original da civilização grega, como já será feito em "A visão dionisíaca do mundo" e posteriormente em *O nascimento da tragédia*. (N. T.)

excluem-se: desse ponto de vista é significativo que Sócrates tenha sido o primeiro grande heleno feio; pois tudo nele é simbólico. Ele é o pai da lógica, a qual, da maneira mais aguda possível, apresenta o caráter da ciência pura; ele é o aniquilador do drama musical, deste que tinha recolhido em si os fulgores de toda a arte antiga.

Sócrates é o aniquilador do drama musical em um sentido muito mais profundo do que pôde ser aludido até agora. O socratismo é mais antigo do que Sócrates; sua influência dissolvente na arte faz-se notar já muito mais cedo. O elemento da dialética que lhe é característico já havia se insinuado muito tempo antes de Sócrates no drama musical e causado efeitos devastadores em seu belo corpo. A corrupção teve seu ponto de partida no diálogo. Não havia, como é sabido, originalmente diálogo na tragédia; somente quando passou a haver dois atores, portanto, relativamente tarde, desenvolveu-se o diálogo[27]. Já antes havia um análogo na fala alternada entre o herói e o corifeu: mas aqui, todavia, o *conflito* dialético era impossível, devido à subordinação de um ao outro. Tão logo, porém, dois atores, de igual autoridade, se contrapuseram, surgiu, de acordo com um impulso profundamente helênico, a disputa, e deveras a disputa com palavra e razão [*Grund*]: enquanto o diálogo apaixonado sempre se manteve longe da tragédia grega[28]. Com essa disputa fa-

---

27. Segundo Aristóteles, no capítulo 4 da *Poética* (1449 a, 16-19), teria sido Ésquilo o primeiro a introduzir um segundo ator na cena; antes haveria só um ator que dialogava com o coro. Sófocles, por sua vez, teria introduzido um terceiro ator. (N. T.)

28. Nessa altura, consta do rascunho de Nietzsche a seguinte frase intercalada: "E nisto a música se calou." Entendemos que este trecho se refere a todo o resto do parágrafo acima, de acordo com o pensamento de Nietzsche. (N. T.)

zia-se apelo a um elemento no peito do auditor que até então esteve banido dos espaços festivos das artes dramáticas como inimigo da arte e detestado pelas musas: a "má" Éris. A boa Éris tinha vigência já desde a Antiguidade em todas as ações das musas e conduzia na tragédia três poetas em disputa diante do povo reunido para o julgamento[29]. Quando o modelo da contenda de palavras se infiltrou também na tragédia vindo do âmbito do tribunal, então surgiu, pela primeira vez, um dualismo na essência e no efeito do drama musical. De agora em diante havia partes da tragédia nas quais a compaixão recuou diante da clara alegria com o retinir das armas terçadas na dialética. O herói do drama não podia sucumbir, ele tinha agora, portanto, que ser transformado também em herói da *palavra*. O processo, que teve seu início na chamada esticomítia[30], prosseguiu e penetrou também nas falas mais longas dos atores. Pouco a pouco todos os personagens falam com um tal dispêndio de perspicácia, clareza e transparência, de modo que para nós surge realmente uma desconcertante impressão de conjunto na leitura de uma tragédia de Sófocles[31]. É como se todas essas figuras sucumbissem não no trágico, mas na superfluidade do lógico. Pode-se concluir, por uma comparação, que os heróis de Shakespeare usam a dialética de uma maneira

---

29. Com a menção da boa e da má Eris Nietzsche faz alusão ao apolinismo e ao titanismo respectivamente, tal como serão considerados em *O nascimento da tragédia*. Ver a respeito nosso "Posfácio". Sobre a boa e a má Eris ver "A justa em Homero" em *Cinco prefácios para cinco livros que não foram escritos*. (N. T.)

30. Troca rápida de argumento e réplica em um drama em versos. (N. T.)

31. Ou seja, no libreto, sem a música, passa a haver uma unidade – que vai entrar necessariamente em tensão com a totalidade originária do drama musical, dada pela música. (N. T.)

completamente diferente: sobre todos os seus pensamentos, suposições e conclusões vertem-se certa beleza e interiorização musicais, enquanto na tragédia grega mais tardia domina um dualismo de estilo muito precário, de um lado o poder da música, de outro o da dialética. A última avança cada vez mais predominante, até que tenha a palavra decisiva mesmo na construção de todo o drama. O processo termina com a peça de intriga: com ela somente aquele dualismo é completamente superado, em consequência do total aniquilamento de um dos contendores, da música.

Nisso é muito significativo que esse processo chegue ao seu termo na *comédia*, enquanto começou, todavia, na tragédia. A tragédia, surgida da profunda fonte da compaixão, é por essência *pessimista*. A existência é nela algo de muito terrível, o homem algo de muito insensato. O herói da tragédia não se põe à prova na luta contra o destino, como presume a estética moderna, tampouco sofre o que merece. Antes cego e com a cabeça coberta, precipita-se em sua desgraça: e seu gesto sem consolo, mas nobre, com o qual ele se posta diante desse mundo de terror há pouco conhecido, espicaça como um aguilhão a nossa alma. A dialética, por outro lado, é, no fundo de sua essência, *otimista*: ela crê na causa e na consequência e com isso em uma relação necessária entre culpa e castigo, virtude e felicidade: suas contas não deixam resto; ela nega tudo que não pode decompor em conceitos. A dialética alcança continuamente seu fim; cada conclusão é uma festa jubilante, claridade e consciência são o ar em que, somente, ela pode respirar. Quando esse elemento penetra na tragédia, então surge um dualismo como entre noite e dia, música e matemática. O herói que tem que defender as suas ações através de prós e contras racionais[32] corre o risco de perder a nossa compaixão: pois a infelicidade que, não obstante, depois o acomete, prova então apenas que ele enganou-se em alguma parte no cálculo. No entanto, infelicidade produzida por uma falha de cálculo já é antes um motivo de comédia. Quando o prazer na dialética havia decomposto a tragédia, surgiu a nova comédia com seu constante triunfo da esperteza e da astúcia.

A consciência socrática e sua crença otimista na ligação necessária entre virtude e saber e entre felicidade e virtude teve em um grande número de peças de Eurípides o efeito de abrir, no fim dessas peças, a perspectiva de uma continuação da existência muito cômoda, na maioria das vezes com um casamento. Tão logo surge o deus em sua máquina[33], notamos que Sócrates está atrás da máscara procurando colocar em equilíbrio felicidade e virtude em sua balança. Todos conhecem os princípios socráticos: "Virtude é saber: peca-se somente por ignorância. O virtuoso é o feliz." Nessas três formas fundamentais do otimismo repousa a morte da tragédia pessimista. Muito tempo antes de Eurípides essas concepções já trabalhavam na dissolução da tragédia. Se a virtude é saber, então o herói virtuoso tem de ser dialético. Na extraordinária banalidade e miséria do pensamento ético, inteiramente não desenvolvido, o herói praticante da dialética em matéria de ética aparece muito frequentemente como o arauto da trivialidade e da filisteria morais. Basta se ter a cora-

---

32. Aqui consta do rascunho de Nietzsche intercalada a seguinte frase: "(prós e contra racionais), que (o herói) explicitava para si até a mais extrema clareza o valor e o fim de sua ação, (corre o risco)". (N. T.)

33. O *deus ex machina* surgia geralmente no fim da peça para resolver todos os conflitos. Essa expressão (*deus ex machina*) se refere ao mecanismo que permitia representar em cena um deus (ou outra personagem divina) içado como se parasse no ar. (N. T.)

gem de reconhecer isso para se ter que constatar – calando-se absolutamente sobre Eurípides – que mesmo as mais belas figuras de tragédia de Sófocles, uma Antígona, uma Electra, um Édipo, acabam às vezes em sequências de pensamento o mais insuportavelmente triviais, e que os caracteres trágicos são sem exceção mais belos e mais grandiosos do que sua expressão em palavras. Inigualavelmente mais propício tem de ser, desse ponto de vista, nosso julgamento sobre a tragédia mais antiga de Ésquilo: por isso Ésquilo criou também inconscientemente o seu melhor[34]. Nós temos na linguagem e no delineamento dos caracteres de Shakespeare o irremovível ponto de apoio para tais comparações. Nele podemos encontrar uma sabedoria ética diante da qual o socratismo aparece como algo indiscreto e com uma prudência infantil.

Na minha última conferência falei propositadamente pouco sobre os limites da música no drama musical grego: no contexto dessas discussões torna-se compreensível que eu tenha designado os limites da música no drama musical como os pontos periclitantes em que começa a decomposição deste. A tragédia sucumbe em uma dialética e uma ética otimistas: isso quer dizer tanto como: o drama musical sucumbe na falta de música. O socratismo que penetrou na tragédia impediu que a música se fundisse com o diálogo e o monólogo: ainda que na tragédia de Ésquilo a música tivesse feito o prenúncio mais bem sucedido para isso. Por sua vez, foi uma consequência o fato de que a música, cada vez mais limitada, de mais a mais

---

34. Na época de Nietzsche, *As suplicantes* era considerada como a tragédia mais antiga de Ésquilo herdada pela nossa época. Com efeito, nesta tragédia o coro desempenha um papel fundamental, ou, em todo caso, de mais importância do que nas outras peças que chegaram ao nosso conhecimento. (N. T.)

encerrada em limites mais estreitos, não se sentisse mais em casa na tragédia, mas se desenvolvesse mais livremente e mais ousadamente fora dela como arte absoluta. É ridículo fazer um espírito aparecer em um almoço; é ridículo exigir de uma musa tão misteriosa, tão animada de seriedade, como é a musa da música trágica, que ela cante no âmbito do tribunal, nas pausas entre os combates dialéticos. No sentimento desse ridículo a música calou-se na tragédia, como que apavorada com sua inaudita profanação; cada vez mais raramente ela se atreveu a elevar sua voz, e finalmente ficou desconcertada, cantou coisas fora de propósito, envergonhou-se e fugiu inteiramente dos espaços do teatro. Para falar abertamente, a florescência e o ponto alto do drama musical grego é Ésquilo em seu primeiro grande período, antes de ser influenciado por Sófocles: com Sófocles começa a progressiva decadência, até que finalmente Eurípides, com sua reação consciente contra a tragédia de Ésquilo, ocasiona o fim com velocidade tempestuosa.

Esse juízo é contrário somente a uma estética presentemente difundida: na verdade nada pode servir mais de testemunho a favor dele do que o juízo de Aristófanes, que como nenhum outro gênio tem afinidade eletiva com Ésquilo. Os semelhantes, porém, só são reconhecidos pelos semelhantes[35].

Para finalizar, uma única questão. O drama musical grego morreu realmente, para sempre? O germano deve realmente colocar, ao lado daquela obra de arte do passado desaparecida, a "grande ópera", aproximadamente

---

35. No rascunho de Nietzsche este parágrafo ainda continua: "O socratismo arrancou com os dentes a cabeça do drama musical de Ésquilo: o drama restou, e deveras o drama puro, a peça de intrigas – a cabeça permaneceu viva e suas galvânicas convulsões [...]." (N. T.)

como junto a Hércules costuma aparecer o macaco? Essa é a mais séria questão de nossa arte: e a seriedade dessa questão para o germano [...]³⁶

---

36. Todo este último parágrafo teria sido riscado por Nietzsche na página 127 da conferência. A página seguinte, a 129 (provavelmente Nietzsche não escrevia no verso das páginas), foi arrancada. A edição de 1927, de Leipzig, teria, segundo uma hipótese, completado o fim da conferência a partir do rascunho de Nietzsche, de maneira que, com a repetição de um trecho já traduzido por nós acima, este texto terminaria: "Esta é a mais séria questão de nossa arte: e quem enquanto germano não compreende a seriedade desta questão, sucumbiu ao socratismo dos nossos dias, o qual não pode produzir mártires nem fala a língua do 'mais sábio dos helenos' [no rascunho esse termo está sem aspas, as quais foram acrescentadas pela edição de 1927], o qual [o socratismo dos nossos dias] não se vangloria de não saber nada, mas na verdade não sabe nada. Este socratismo é a imprensa judia de hoje: não digo mais nenhuma palavra." Na *Kritische Studienausgabe* é dito que o fato de o último parágrafo do texto traduzido ter sido riscado e o trecho que conhecemos a partir do rascunho ter sido arrancado da conferência se deve provavelmente à influência de Cosima Wagner, que em uma carta de 5 de fevereiro de 1870 teria escrito a Nietzsche: "Agora tenho um pedido a lhe fazer... Não cite os judeus, e sobretudo não *en passant*; mais tarde, se o senhor quiser assumir esta medonha luta, em nome de Deus, mas antes não, para que em seu caminho não haja toda confusão e conturbação." Segundo a *Kritische Studienausgabe* este trecho da carta de Cosima prova que na própria conferência (que proferiu em Basileia e que enviou para ser lida em Tribschen) Nietzsche tinha escrito "imprensa judia". Todavia as variações na edição de 1927 com relação ao rascunho permitiriam uma outra hipótese: a de que a página 129, até 1927, não tenha sido arrancada: neste caso Nietzsche teria simplesmente substituído a palavra "judia" por "de hoje", e só mais tarde riscado todo o parágrafo. A página 129, por consequência, teria sido arrancada somente entre 1927 e 1932.

Talvez Nietzsche compartilhasse do antissemitismo de Wagner nesta época. Mas o seu pensamento não sustentava propriamente nenhum antissemitismo. Em diversas passagens de seus textos, como nas suas lições *O serviço divino nos gregos*, vemos o reconhecimento da contribuição essencial dos povos semitas para a formação da humanidade grega. Em todo caso, depois de se afastar de Wagner, Nietzsche manifestou, em diversas passagens, que repudiava completamente o antissemitismo. (N. T.)

2ª edição junho de 2019 | **Fonte** Palatino
Papel Holmen Vintage 70 g/m²
Impressão e acabamento Imprensa da Fé